原爆先生がやってきた！

原爆先生の特別授業「7000℃の少年」より

著
特定非営利活動法人原爆先生
池田眞徳
羽生章洋

産学社

装幀❖若松 隆
イラスト❖可世木恭子
DTP組版・編集❖片岡 力
授業風景写真撮影❖宇井眞紀子

まえがき

池田眞徳

さまざまな偶然が重なって、その結果はじめることになり、そして現在まで続けてきた原爆先生の特別授業。この特別授業は、東京都下の小中高校を主として六〇〇校以上、五万人余の児童や生徒に受講していただきました。おかげさまで多くのご支持を得、開講を希望される学校数は年を追うごとに増加しています。

原爆先生という奇妙な名称から「……？」と思われる方も多いのですが、そんな方でも特別授業の終了後は一様に驚きの表情に変化されます。

原爆先生の特別授業はその名のとおり原子爆弾をテーマとした講義です。18歳の少年兵たちが広島の爆心地で活躍する物語をはじめとし、原爆の威力や構造、原爆雲ができるメカニズムなどの解説も数多く組み入れています。

その目的は平和教育でもヒロシマを伝えることでもありません。特別授業を通じて広島や原爆への興味を深め、人を思いやる心、物事を成し遂げる勇気など、児童や生徒に「考えを育むきっかけ」をつくることが目的です。

昨今はアクティブラーニングが注目されています。訪問した学校の先生方から「原爆先生はまさにアクティブラーニングのモデルケースではないか……」とのお言葉をいただくようになりました。

原爆というキーワードにこだわらず、ひとつの授業のあり方が子供たちから様々な興味を生み出し、さらに子供たちの考えを育むきっかけとなっている。そんな事例を記したこの本が皆様方のご参考になれば、と願っています。

ともあれ、本書によって「原爆先生」を知っていただけることを大変うれしく思います。また、お手にとっていただいたことに心から感謝申し上げます。

原爆先生がやってきた！　そしてどんなことが起こったのか？

本書でご確認ください。

『原爆先生がやってきた！』

目　次

第2部　メイキング・オブ・原爆先生……池田眞徳×羽生章洋 ❖ 083

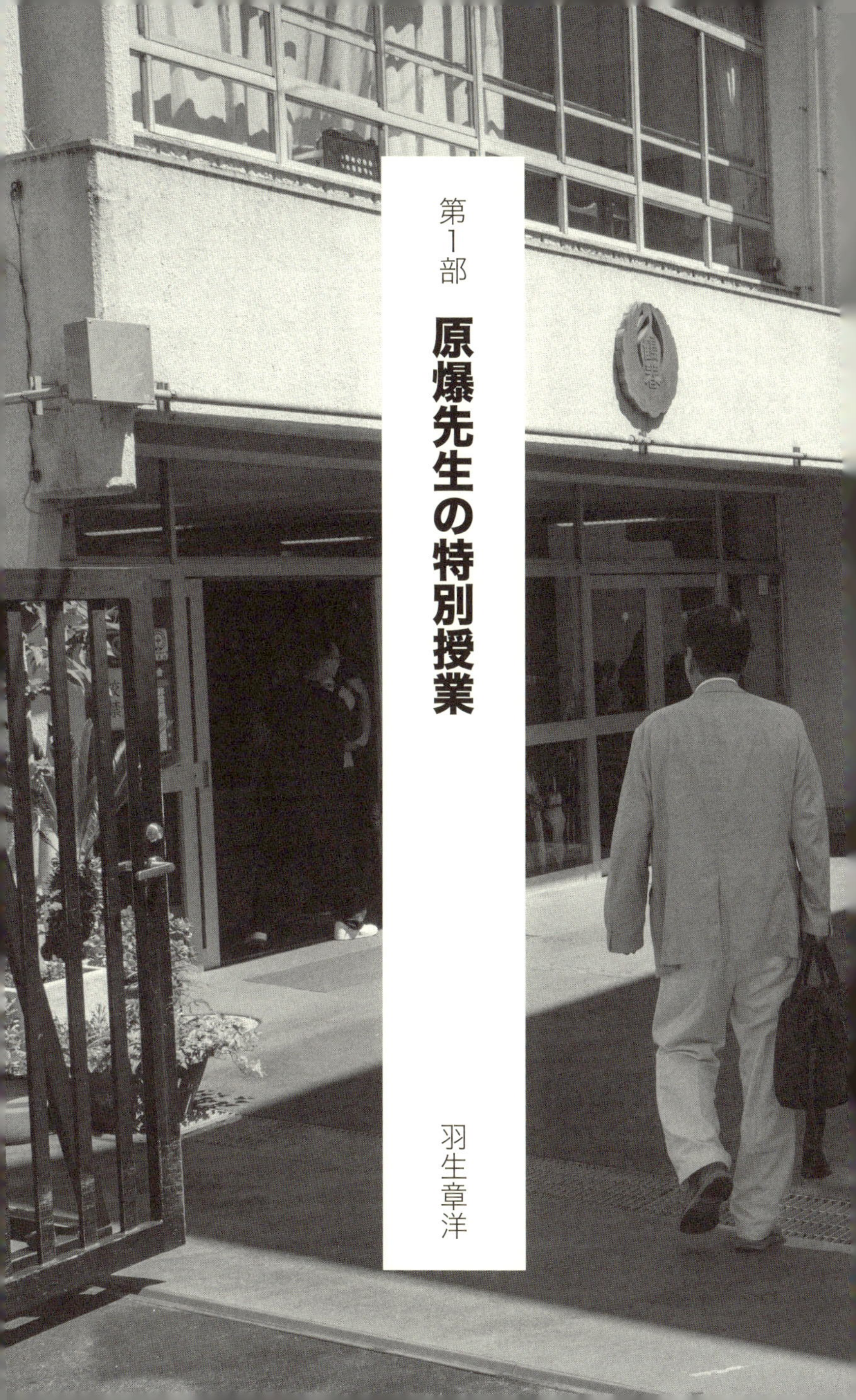

第1部

原爆先生の特別授業

羽生章洋

プロローグ

「小学校で原爆についての授業をしている人がいる」という話を知人から聞いた瞬間、「ああ、面倒な話が舞い込んだな」というのが正直な気持ちだった。原爆と聞いて、あなたは何を連想するだろうか。悲惨さ、残酷さ、戦争への怒り、そして平和の尊さ、あたりだろうか。

だが一方で、本音のところをいえば、それがどれほど重大で大切なことだと思ってはいても、それでも出来れば距離を置いておきたい、いや、あまり深入りしたくない、という気持ちもあるのではないだろうか。実際に周囲の人に唐突に「原爆についてどう思う?」と訪ねても、ほとんどの人は困惑した表情を浮かべるだろう。

つまるところ大抵の人にとっては「面倒くさい話」、それが原爆に対する正直なところではないだろうか。ましてやその団体名が「原爆先生」とくれば、胡散《うさん》臭いとしか思えないのがきっと通常の反応だろう。かくして私もまた知人から話を聞いた瞬間、どうやって話を流そうかと考えたものである。

とはいえ知人には色々とお世話になっているので無碍《むげ》にするわけにもいかない。そ

こで話の続きを聞くと色々と興味深いものがあった。曰く

●東京都内の小学校に訪問して90分間の特別授業をしている
●対象は小学六年生
●講師の人はこの活動のためにNPO法人を設立して理事長をしている
●理事長の父親の体験手記を読み聞かせている形である
●子供たちが食い入るように話を聞く
●何度聞いても感動する
●先生方からの評判も良い
●子供たちの感想が実に幅広い

それらを聞いているうちに段々と興味が湧いてきた。そしてNPO法人のホームページに子供たちの感想（手書きの感想文をスキャンしたもの）がすべて掲載されているというので、それらを順番にいくつか読んでいったときに妙に確信めいたものが心に生じた。「これは何かある」と。

その頃の私はこれからの教育とITの関係について関心を持ち調査をしていたこともあって、原爆云々は脇において、これは教育の在り方に何か大きなヒントを与えるものなのではないか、そう予感したのである。その根拠は子供たちの感想だった。例

えば要約すると次のようなことを言ってる感想があった。

「いじめは良くないと思った」

「ゾンビを殺すようなゲームは二度としないと決めた」

「医療関係の勉強をしたいと思った」

「理科で習ったことが出てきて驚いた」

これらを見ての第一印象は「？」であった。原爆の話を聞いての感想のはずである。それが何故いじめ？　ゾンビ？

もちろん、大人が想像あるいは期待するような感想も多く見られる。「戦争は良くない」「核兵器は無くすべき」というようなものである。しかしそれらもよく見るとテストの答えのように判を押したようなものではなく、一人ひとりの子がその子なりに言葉を尽くしているのが見て取れる。

そして何よりも非常に多かったのが
「感動した」

「面白かった」

という感想である。「感動した」はまだいい。しかし「面白かった」とはどういうことなのか？　くどいようだが、原爆についての授業のはずである。私自身が30年以上前の中学時代に修学旅行で広島に行く前の事前授業を受けた際、そのような感想は持たなかった。覚えているのは、ひたすら重く陰鬱な雰囲気に教室全体が包まれた空気である。それはおよそ「面白い」などという感覚とは程遠いものであったのは間違いない。

小学六年生の子供たちが「面白い」と言う授業。それだけでも非常に興味深いのに、よりによってテーマが原爆であるという。ぜひ一度見てみたい。そう思った私は知人を通じて段取りをしてもらい、それから数週間後に特別授業の現場に立ち会うことになった。それは驚きと衝撃と、そして何よりも「面白い」体験となったのである。

TOKY
SUN WILL

原爆先生の特別授業――7000℃の少年

その日の特別授業は、とある小学校の大きめの教室で開催された。前方にはプロジェクターが設置されスライドが投影されるようになっている。マイクとスピーカーも用意されていた。また公開授業の日であったため、子供たちのスペースの後方には保護者が座るためのパイプ椅子が並べられている。NPO法人のスタッフという名目で赴《おもむ》いた私は、そのパイプ椅子の横の窓際に立っていた。すると子供たち一人ひとりが自分の椅子を持って教室に入ってきた。私を見ると元気よく「こんにちは！」と挨拶をしてくれる。こちらもそれに応じて「こんにちは」と返事をする。もちろん照れくさそうに挨拶もせずに私の目の前を通り過ぎる子もいたりして、まさにそれぞれ個性的である。騒がしい子もいれば真面目そうな子もいる。さて、この子たちが一体どんな反応を示すのだろうか。

チャイムがなって学年主任の先生が全員に静かにするように促す。ざわざわした雰囲気が落ち着いたものになる。そして担任の先生が前口上を述べた。

「はい、今日はNPO法人原爆先生の池田先生にお越しいただきました。今日は皆さんに広島の原爆についての話をしてもらいます。とても貴重なことなので、最後までちゃんと聞きましょう。では池田先生、よろしくお願いします。」

ここでマイクを持った池田氏が子供たちの前に立った。池田眞徳氏。特定非営利活動法人原爆先生の理事長である。その池田氏が子供たちに語りかける。

「こんにちは！」子供たちも元気に声を揃えてそれに応じる。「こんにちは!!」子供たちの元気な声に笑顔を浮かべた池田氏は、そのまま話を続けた。

「私は、ＮＰＯ法人原爆先生の、池田眞徳と申します。よろしくお願いします。今日、皆さんに聞いてもらうのは『７０００℃の少年』というお話です。この意味はお話を聞いているうちに理解できますので、今は説明しません。」

ここでスライドに一人の老人が映し出される。

「このお話の主人公は、池田義三《よしぞう》という人物です。」

そしてスライドが切り替わり、軍服を着たひとりの若者の写真が映し出された。

「この池田義三は、今から約70年前の昭和19年、1944年に、17歳で、当時の陸軍に入隊しました。そして1945年、昭和20年の8月には、広島県の瀬戸内海にある島、「江田島」にいました。この江田島で義三は毎日厳しい訓練に励んでいました。」

ここから、今日の内容の概略が前説明として行われていく。

- 昭和20年8月6日の早朝に、義三は軍需物資調達命令を受けたこと
- その命令遂行のために瀬戸内海を上陸用舟艇で渡り、広島市の南方にある現在の宇品西二丁目あたりで移動用のトラックを待っていたこと
- そのときに原子爆弾の爆発に遭遇したこと
- 無傷だった義三は、その後の命令に従って8月7日に爆心地に入ったこと
- それから9日間、爆心地で遺体を捜索したこと
- 遺体の収容・焼却作業に従事したこと
- 後日に義三はこの時の模様を手記に書き残したこと

●その手記を元に、池田氏が『ヒロシマの九日間』という小説を出版したこと
●池田氏は、義三の息子であること
それらを手際よく説明したあと、池田氏は更に話を続けた。

「今日は、この『ヒロシマの九日間』という小説から抜粋してお話してまいります。ですから、今紹介した池田義三が体験した事実をお話することになります。
前半45分、間に5分の休憩をはさんで、後半45分、合わせて90分という長いお話になりますが、どうか最後まで聞いてください。」

ここで池田氏は、少し変わったことを言った。

「さて、今日は皆さんにしっかりとメモを取っていただきたいのですが、前半の話では特にメモを取っていただくところはありません。それよりも、私の話を集中して聞いていただきたいので、メモ用紙や筆記具などは全部

▶父・池田義三が被爆直後の爆心地で行った救護活動を描いたノンフィクション小説『ヒロシマの九日間』

椅子の下に置いて、手には一切、何も持たないで私の話を聞いてください。手に鉛筆などを持っていますと、鉛筆を落としたときにカチャンというイヤな音がします。そうなりますと、せっかく周りで真剣に話を聞いている皆さんに大変迷惑をかけることになりますので、手には一切何も持たない、ひざの上に何も置かない、という約束をしばらくの間、守ってください。」

これに応じて、子供たちは一斉に手に持っていた筆記用具などをすべて自分の椅子の下に置いて座り直した。全員が何も持たない状態になったことを確認した池田氏は言葉をつなげた。

「それから、ここからの話では『私』という表現をします。この私というのは、今紹介した主人公の池田義三のことです。そう解釈して聞いてください。」

そういうと池田氏は着席して眼鏡をかけ、そして原稿を手にとった。こうして90分間の特別授業が始まったのである。

遭遇

「私は、昭和19年の9月、17歳で陸軍船舶兵特別幹部候補生隊に入隊し、翌昭和20年7月に、広島県の江田島にある第十教育隊、丹羽隊、第二班に配属されました。当時の私の階級は上等兵で、第二班の班長補佐として8名の部下を持つ身でありました。」

池田氏はまさに主人公である義三として、子供たちに当時の様子を語り聞かせるような柔らかい口調で話し始めた。

「昭和20年8月6日の早朝、軍需物資調達の命令を受けた私は、第二班の班長となって、総勢9名で上陸用舟艇に乗船して広島市内に向かいました。午前7時30分頃、京橋川をほんの少し遡《さかのぼ》った『宇品西二丁目』あたりで上陸用舟艇を下船しました。

広島はまさに雲ひとつない好天です。真夏の強い日射しが容赦なく照りつけ、じっとしていても汗がにじんできます。私たちが船を下りたところは、どうもお寺のあとであったらしいのですが、その広場には重油を満載した何百ものドラム缶が二段に積み重ねられていました。この広場から道路に出るあたりには古めかしい楼門がそそり立ち、なんとも穏やかなところでありました。」

その穏やかな口調も相まって、聞いてる子供たちもまだ少しざわざわしており、緊張感とは程遠い雰囲気である。なかにはあくびをする子もいるような空気だったのだが……、

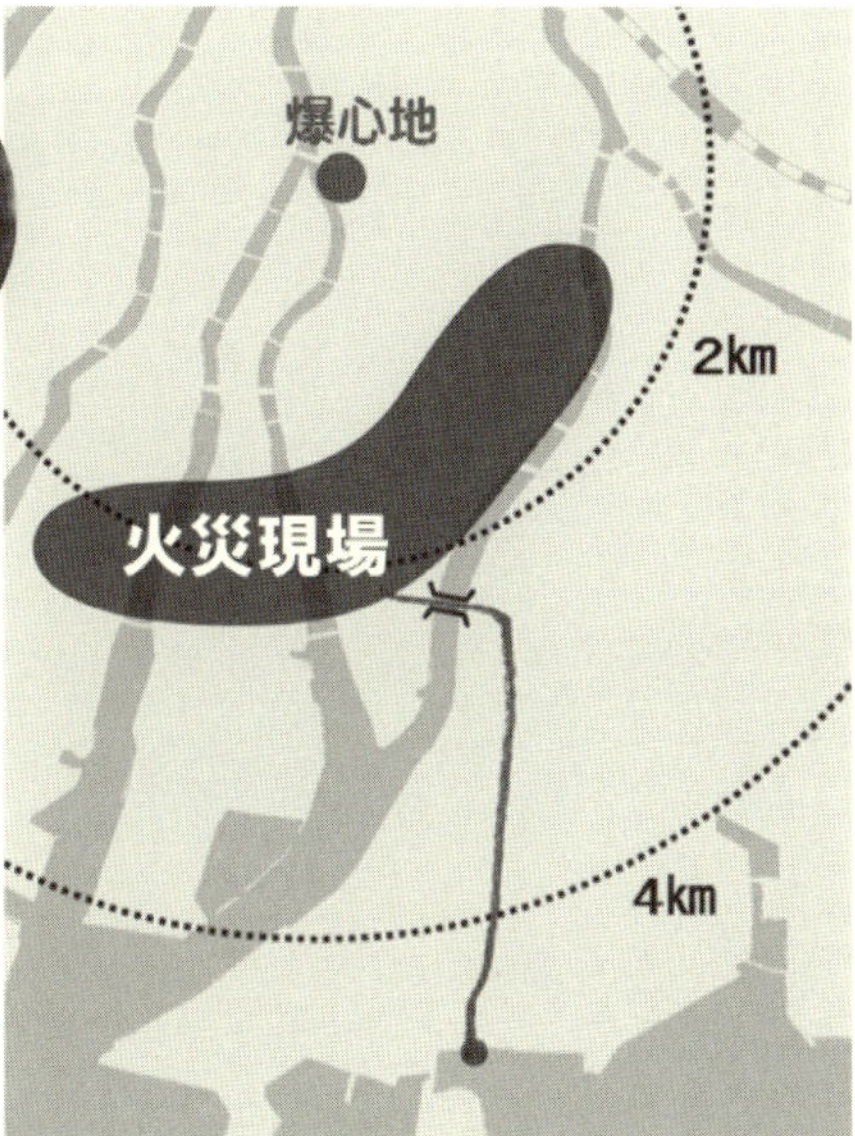

▲▶池田義三上等兵と彼の部隊の救護活動経路

「さて、午前8時を10分以上過ぎた頃……」

と言ってから、池田氏は無言になってしまった。子供たちも何事かと池田氏に全員が注目する。それでも池田氏は身動き一つしない。重苦しい40秒ほどの沈黙が過ぎた頃、

「ピカッ‼」

突然大声で叫び、子供たちも先生たちも、そして後方の保護者の方々も、もちろん私もびくっとしてしまう。そんな状況を気にも留めないかのように、淡々と池田氏は語り続ける。

「突然、強烈な閃光に目が眩《くら》みました。カメラのフラッシュのような白い光とも、いや黄色い光とも、それとも赤い光とも……。その瞬間、あたり一帯は何の物音もしない静寂に包まれました。何も見えません。目の前がただ真っ赤になります。その後、1秒もたたない時間でしたでしょうか、

火傷《やけど》をするような灼熱が身体全体を襲い、「熱い」と思う間もなく熱風がたたきのめすように押し寄せ、強烈に押さえ付けられるように吹っ飛ばされました。

しばらく失神していたのか、ふと気が付いた時にはドラム缶から10メートル以上も吹き飛ばされていました。日頃の訓練の賜物か、私は両手で目を強く押さえ、そして親指を耳に堅くあてたまま、訓練どおりに倒れ伏していました。」

ここで池田氏は自分自身の目と耳を押さえて、実際のポーズをして見せた。ここで「なるほど」と納得の表情を見せる子供も数人いた。実際にポーズを真似る子供もいた。とっさにそのような体勢が取れるものだろうか。私は「日頃の訓練」というものに思いを馳せていた。

その間にも、池田氏はどんどん語り続けている。

「気が付いてみれば、ガラスや瓦の破片が粉々に散乱し、私の背中にも、そして付近一帯にも散らばっていました。そしてその時、異様な鈍い爆

発音が身体を振動させます。私は恐る恐る立ち上がり周りを見ますと、８名の部下達も皆同様に立ち上がってきます。

『班長殿、いったい何が起こったのでしょうか?』と、部下達が私に聞いてきます。でも、私にも何が起こったのかわかりようがありません。古びた楼門の屋根瓦はすべて吹っ飛び、ただ骨組みだけが残っています。つい今しがたの面影はどこにもありません。

ふと北の空を見上げると、どす黒く、いいえそんな単純な色彩ではなく、赤、紫、青、黒の色が混合した、決して美しいとは言えない異様な雲が天に向かってモクモクと立ち昇り、化け猫の足のように……、化け猫の足のようにムクリムクリと、しかも次から次に湧き出てきて、私たちを覆いかぶせるように迫ってきます。本当に身震いする光景でありました。」


池田氏は左手をまるで猫が前足を高く掲げるかのように頭上に上げながら、そのときの状況を語った。化け猫の足のような異様な雲とは、きっとキノコ雲のことなのだろう。子供たちの目線が、その手の先を追う気配が教室中で感じられる。

「重油が満杯に入っていたドラム缶が幸運にも陰となって、私たち9名の殆どは無傷でありましたが、2、3名の兵隊が頭や顔から血を流していました。しかし、幸いにも皆軽症でありましたので、すぐに応急処置だけを施しました。その時には2台のトラックが到着していました。そのトラックは、閃光が走った時にはちょうど楼門をくぐった時であったらしく、楼門の塀が陰となって二人の運転手も無事に到着できたものでありました。広島市内で何かがあったことだけは確かです。私たちは命令を遂行するため、2台のトラックに分乗して広島中心部に向けて出発しました。」

淡々とした語り口がむしろ緊迫感を高めるかのようだった。子供たちの表情が真剣そのものになり、池田氏の一挙手一投足に集中していく。

静まり返る子供たち

正面のスライドが切り替わる。地図が映されている。義三たちの足取りを示すもののようだ。その地図の右肩には日付と場所も記載されている。池田氏の声のトーンは相変わらず淡々とした感じで、話は続いた。

「トラックは１００ｍぐらい走ったでしょうか、広島市内から避難してくる人々がだんだん増え始め、トラックは思うように走ることができなくなってきました。

その避難してくる人々は、はじめのうちは人間の姿でした。しかし、時間がたつにつれ、その人々の様相がだんだん酷いものになってきて、３００ｍくらい走った時には、顔の半分に大火傷を負っている人、髪の毛が燃えてしまい、おまけに顔が真っ赤に腫れ上がっている人、手足が衣服と一緒にボロボロに焼け焦げている人、そんな重傷の人がどんどん増えてきます。御幸《みゆき》橋の近くまできた時には、全身が焼けて一糸纏わぬ人々が大

半を占めるようになり、もう人間の姿ではなくなっています。その人達が道路いっぱいに広がり、トラックは全く動けなくなりました。」

淡々とした口調で当時の義三が直面した悲惨な状況が語られはじめた。その口調が逆に教室内の雰囲気をキリキリと引き締めていくかのように感じられる。子供たちはもはや誰一人として身じろぎもしない。一体どんな風になっていくのだろうか。そう思って目が離せないというような風情に全員がなっていった。

「全身が真っ赤になった人達が、『兵隊さん助けて、兵隊さん、兵隊さん……』と、必死になってわめき、私たちに助けを求めてきます。私たちは何をする術《すべ》も無く、必死に手を差し伸べてくる人をトラックに乗せようと、腕をとってトラックに引き上げようとしました。しかし、焼け爛《ただ》れた皮膚が無惨にもズルッと剥がれ落ちて、手と手が滑って転げおちます。私の手には、なんとも言いようのない『ゾッ』とする感触だけが残り、転げ落ちた人を呆然と眺めていました。」

教室内の空気が重苦しいものに変わるのがわかる。池田氏は座って原稿を読んでいる状態である。そしてスライドも変わらずに地図が映し出されているだけである。だから特別に何か残酷な様子をビジュアルで表現するようなものは一切無い。ただ耳から入ってくる言葉だけであり、それを聞いた側が脳裏に自分なりにその様子を想像するしかない。しかし、むしろ耳からの言葉だけだからなのだろう、教室の誰もが義三の直面した光景を想像し非常にリアルに感じているかのようだった。

池田氏は、主人公の義三とその一行の足取りを語り続ける。当初の命令遂行が不可能だと判断して引き返した一行に新たな命令が下り、広島市内に向けて総勢9名の隊員たちが徒歩で出発する。このとき、一体何が起こったのか、そして広島市内はどのようになっているのかを、一行はまだ知らずに出発したのだという。一行の道中の描写が続く。

「『兵隊さん助けて！　兵隊さん助けて！』と口々に泣き叫ぶ声、そして地獄の底からもがき苦しむ声が溢れています。私たちに助けを求められても、今の私たちにはどうすることもできません。まずは私たちに与えられた任務に邁進するため、無情とは知りながらも、だまって通り過ぎるだけでした。ボロボロになった衣服を身に纏い、焼け焦げた皮膚が爛れて垂れ下がり、赤い肉が露出している痛々しい人々の群れが続きます。その人達は、一様に両腕を斜め前方に垂らしています。」

ここで池田氏が立ち上がった。そして両腕をだらりと前に垂らしたポーズを取ると、口調を少し変えて子供たちに向けて語りかけた。

「はい、こうやって両腕を斜め前方に垂らしてヨロヨロと、右往左往しながら歩いてきます。

なぜ……、なぜ、こうやって両腕を斜め前方に垂らしているのか？　私たちが普段歩くときはこうやって（手を交互に振って）歩きます。しかし、原子爆弾で被爆した人は全身に火傷を負っています。ですから、こうやって歩きますと脇がこすれるから痛いんですね。だから仕方なく、こうやって両腕を斜め前方に垂らして、ヨロヨロと、右往左往しながら歩いてくるんですね。」

池田氏の解説と動作を見て、子供たちは怯《おび》えるような表情と同時に、なるほどと納得したような様子を示した。両手を前にぶら下げて歩くのには、そういう意味があったのだ。残酷な様子と、その背景の理性的な説明に対する関心。それらが相まって子供たちはものすごい集中を示していく。

池田氏は再び席に座り、ペットボトルの水を口に含むと、少し間を開けてから再び語り始めた。

「そして、垂らした両手の指先からは、皮膚が……、皮膚が肉から剥がれて垂れ下がって、油のような粘液がポタリ、ポタリとこぼれ落ちます。思わず目をそむけざるを得ません。生きているのか、死んでいるのか、真っ黒こげになって道路脇に転がっている人々。黒こげになっても、かすかに口元を動かし、何かを訴えようとしているのでしょうか？　特に幼児を抱えた子供連れの親子を見るにつけ、何としても救ってやりたいという思いが脳裏を駆け巡りますが、しかし、救うことも、声をかけてやることもできないもどかしさに胸が痛み、こらえても、こらえても涙が溢れてきます。」

子供たちの数人が顔をそむける。ある子は横を見て他の子に笑いかけながら自分の持て余す感情をはぐらかすかのような表情となり、またある子は座っている両膝に頭をくっつけるように俯《うつむ》いたりしている。今にも泣き出しそうになっている子もいる。繰り返すがビジュアルでの描写は一切無い。ただただ言葉だけである。しかし、間違いなく子供たちにはその様子が見えているのだろう。傍《そば》で見ている大人の私でさえも、もはや息苦しくてどうしようもない、もうやめてくれ、とさえ言いたくなるほどの、何とも言えない気持ちにさせられていた。

このあと、広島市内に到着した義三たち一行が大火災の現場で消火活動に奮闘するエピソードが語られる。

「火災現場といっても、いたるところが火の海で、どこからどう手を付けていいのか見当もつきません。消防車はあるのですが、倒れた電柱や家の柱が障害になって動かすことができません。しかしなにより、水が出ないのですから、消防車の役目など全く成さないものでありました。江戸時代の火消しと同じで、燃えかけの家や、まだ燃えていない家を倒して延焼を

食い止めるしか手はありません。家の柱にロープをくくりつけ、全員でそれを引っ張りますと案外簡単に家が倒れ、私たちは延々とそんな作業を続けていきました。その間、家の中で倒れている人を次から次に運び出し、死んでいる人も生きている人も確認する余裕すらなく、安全なところまで運んでそこに寝かしてはまたすぐに次の家を倒す作業にとりかかる。もう夢中になって作業に邁進しておりました。8月7日早朝、広島周辺の軍と部隊がこぞっての消火作業が実り、ようやく市街全体の延焼を食い止めることができました。」

それまでの悲惨な描写のあとのせいか、心なしか全員がホッとした表情で話を聞いているのが感じられる。教室内の雰囲気が幾分和《やわ》らいだものになっていった。しかし話はまだ終わらない。いや、これからが本番だったのである。

「これでやっと江田島に戻れるかな、と思っていた矢先に、『これより直ちに紙屋町、八丁堀周辺で遺体の収容と焼却にあたれ』という命令が私たちに発せられました。紙屋町、八丁堀といえば紛れもなく爆心地です。

そしてこれよりは班毎に行動し、班長指示のもとに敏速に作業を実施せよとの伝達も同時に発せられました。私たちはすぐさま隊列を組み、北方の八丁堀を目指して進みました。」

そしてしばらく現場への移動の説明があったあと、遺体捜索のエピソードが語られ始めた。

「到着した私たちは、早速遺体の捜索を開始しました。しかし、瓦礫だけの世界を、どこをどう探しても人間の遺体などは見つかるはずもありません。」

そんな爆心地で、それでも遺体が見つかった。それは防火用水槽の中からであったのだという。

「防火用水の桶の中を覗き込んだ私は、思わず驚きの声を上げました。何と、桶の中で、膝を抱えるようにして人が息絶えていたのです。しかも、全身が熱湯で真っ赤に茹でられたような状態です。不思議なことに、水は、この人の腰ぐらいの位置にしか残っていません。」

遺体の収容と焼却が命令であるのだから、義三たちは発見したこの遺体を収容しなければならない。

「この人の腕を持って引き上げようとしたその腕の肉が剥がれ落ちたのです。そして、皮膚の赤さよりさらに赤い肉と白い脂肪が現れ、骨までにも達するくらいの肉片が剥がれて落ちていました。」

えぇ!?と驚きの表情があちこちに浮かぶ。思わず両手で顔を覆う子もいる。少し弛緩した空気になっていたからか、淡々とした口調とのギャップが大きすぎるのか、一瞬教室内がざわつき、落ち着きを失《な》くして左右あちこちをキョロキョロと見渡す子も数人いる。

「私たちはこの人を何とか引き上げ、膝を抱えたままの状態でその場に寝

かせました。私は、この人に合掌したあと、『この辺りの防火用水桶を徹底的に捜索しろ』という命令を全員に出し、自らも付近に散らばる瓦礫の中を探し回りました。その結果、付近にあった防火用水桶の中からは、必ずと言っていいほど一体の死体が、しかも同様の姿で発見されました。」

遺体捜索は更に続く。教室内は先ほどの息が詰まるほどの集中とは少し異なった、落ち着きを少し失ったざわついた雰囲気で、それでも一体どうなるのかと子供たちの視線は池田氏に集まっている。

「元安川の土手から河川を見渡した私たちは、全員が何とも言えない驚きの声を上げたのです。普段は、満杯の水を湛《たた》えていたはずの川は、灼熱の煽《あお》りか、水が殆《ほとん》ど涸れ果てています。冒涜するような表現ではありますが、「ゆでだこ」そのものとしか言いようがない夥《おびただ》しい死体が、河川を埋めるように折り重なっていたのです。遺体はみな素っ裸で、全身が真っ赤になっています。

私たちはこの夥しい遺体を集めて、荼毘《だび》にふさなければなりません。

茶毘にふすとは遺体を焼くことです。でも、もう夕暮れです。『今日はここで野営して、明日早朝から作業を開始する』。私は命令を出し、瓦礫を片付けて野営する場所を設けました。今夜はここで野宿です。」

ここで再び池田氏がペットボトルを手にとった。何となく一区切りがついたことを感じた子供たちもほっと息をつく。明らかに空気が和らいで緊張が解けた空気が教室内に広がった。

少しの間を置いて、再び池田氏が語り始めた。

「8月8日早朝、本日から私たちは元安川での遺体収容と焼却作業です。」

声のトーンも少し明るい感じであり、先ほどまでの話よりは少し明るくなるのではないかと期待する雰囲気が漂う。

「土手付近で、かなり広い範囲にわたって瓦礫を取り除き、遺体の収容場所をつくります。その後、きつい勾配がある10mほどの土手を降り、真っ赤になった遺体の一体一体を背中に担いで土手をよじ登り、収容場所に山積みにします。」

このあたりから再び池田氏の声の調子が淡々としたものになっていく。

「遺体の手を取って引き上げたり、身体を起こしたりする度に、腐敗しかけた皮膚がズルッと剥がれ落ち、死汁《しじゅう》がダラダラとたれ落ちます。死汁というのは、黄色みがかった油のような粘液で、その死汁で軍服がシミだらけになってきます。『ゾクッ』とするような感触が身体全体に押し寄せ、戸惑いと恐怖に震えが止まりません。死体を背中におぶった時、死体の顔が私の顔の横に垂れ下がり、その恐ろしさに顔をそむけて歩きます。そして何よりも、真夏の最中に死後3日も経過した死体ですから、その死臭、臭いが耐え切れません。何度も何度も吐き気がおそってき、そして何度も何度も嘔吐します。」

繰り返しになるが、ずっとスライドはその地点を示す地図のみである。池田氏は着席したまま何のポーズも取らない。聞き手の感情を煽るような画像や行動などは一切何も無い。だが8月の暑い日差しのもとでの過酷な状況が、まるで体全体を覆うかのようにリアルに感じられる。子供たちもまた何人もが、肩をしきりに動かしたり顔をそむけたりして、とにかく身体を動かすことで何とも言えない感覚を振り払おうとしてるかのような仕草を見せていた。

その後、集めた遺体の焼却にまつわるエピソードが語られると、話はさらに翌日の8月９日に進んだ。

「8月９日、今日も朝早くから元安川で死体収容と焼却の作業です。」

作業に邁進する中、義三はある噂を知ることになる。今日の11時頃に新型爆弾がまた落とされるらしいのだという。信じられないと思いつつも、刻限の11時になる頃には、兵隊の全員が作業をやめて土手に上がり、瓦礫に隠れていた。

「こんな瓦礫に隠れても、あの新型爆弾のもとでは、どこでどうしていてもやられてしまう。そんなことは兵隊の全員がわかっているのですが、そこは人間の習性です。恐怖におびえ、神や仏に祈りながら、今か今かと刻限の11時を待っていました。11時が過ぎ、5分、10分、15分が過ぎても何の変化もありません。『やっぱり嘘だったんだ』。ほっと胸を撫で下ろしました。」

池田氏がそう語ったとき、教室内もまた全員がほっと息をついた。義三の安堵を共有したかのような雰囲気は、しかし次の池田氏の一言で一変する。

「後になってわかったことですが、この日、この時刻、昭和20年8月9日午前11時2分に二発目の原子爆弾が長崎に投下されたのでした。」

呆気にとられる子供たち。そして池田氏が立ち上がった。

知的好奇心

立ち上がった池田氏は、授業の冒頭で自己紹介をしたときのような声のトーンで子供たちに語りかける。

「はい、ここから資料と筆記具を取り出して、しっかりとメモをとってください。ここからは、原爆に関する様々な事象を説明しますので、しっかりとメモをとってください。」

急いで椅子の下から筆記用具を取り出す子供たち。ここからの話は明らかに今までと違うらしいと感じるのか、これまでの緊迫感から解放されたように一気に空気が変わっていく。騒々しくなっているのも気にせず、池田氏は言葉を続けた。

「はい、時間は遡ります。時間は遡りますが……、1945年、昭和20年、8月6日、午前2時過ぎ。グァム島の北方、マリアナ諸島にある小さな島、テニアン島から約4トンもある原爆を積んだB29爆撃機、エノラゲイと2機の随伴機が飛び立ちました。目標は3千キロも彼方の日本。目的はもちろん原爆の投下です。」

先ほどまでとは異なり、どんどんスライドが切り替わっていく。これまでの「話を語り聞かせる」という風ではなく、いわゆる授業的な形に変わっている。子供たちは聞き漏らすまいと一所懸命にメモをとり続けた。

池田氏の説明が続く。

- 原爆投下の目標都市が、広島・小倉・長崎であったこと
- 天候次第で投下断念もあったこと
- 原爆投下目標都市の選定条件
- 選定条件に合致した都市はどこか

それらの説明について子供たちだけでなく、先生たちや、公開授業として後方に座って話を聞いていた保護者の方々もメモを取っていたりする。そして説明は、運命の8時15分に至るエノラ・ゲイの航跡へと移っていった。

- エノラ・ゲイに先行した気象観測機からの情報で、広島の天候が良好だと伝

達されたこと
●その結果、目標が広島になったこと
●エノラ・ゲイは目標地点の4キロメートル手前で、高度9632メートルから原子爆弾を投下したこと
●その原子爆弾のニックネームが「リトルボーイ」であること
●リトルボーイは全長3・12メートル、重さ約4トンであること
●リトルボーイは目標地点まで放物線を描くように落下していったこと
●投下目標地点は、相生橋《あいおい》であったこと
●リトルボーイは投下目標の相生橋から南東に200メートル離れた島病院の上空600メートルで爆発したこと
●爆発の瞬間に紫がかった赤い発光体が発生し、その球体の外周温度が摂氏7千度に達したこと

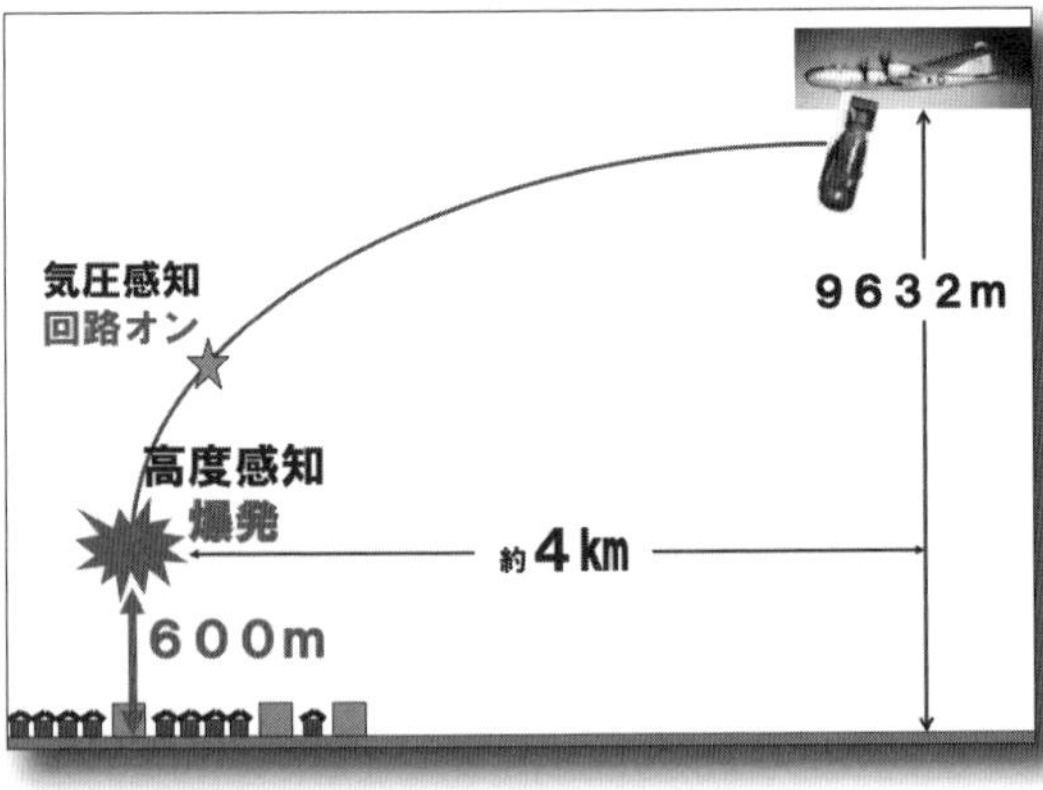

◀「リトルボーイ」の投下から爆発まで

これらの詳細が次々とテンポよく説明されていく。そのスピードに振り落とされまいと、子供たちは先程とはまた違う集中力を発揮して、一言も聞き漏らさないとでも言うような表情で食い入るように池田氏を見つめている。

「このようにして世界で初めての原子爆弾は、１９４５年、昭和20年８月６日、午前８時15分に広島に投下されました。

はい、前半はここまでです。後半では、この原爆が一体どれくらいの威力があったのかについて説明します。では、休憩に入ってください。」

ここで先生が５分間の休憩を指示して、教室内が一気に解放感に溢れた。ずっと座って集中し続けていた子供たちは皆、弾《はじ》けるように席を立つと、一目散にトイレに向かったり友達同士でこづきあいをしたりする。その会話をそれとなく聞いていると、過酷な描写の感想を言い合ったり、中には「７０００℃の少年って原爆のことだよ！」と発見したことを得意そうに友達に語る子もいたりする。とにもかくにも、日常ではなかなか無いであろう緊張感と集中力を持続していた反動で、みな少しテンションが高くなっているかのようでもあった。

そして休憩時間が終了して、先生の掛け声により再び全員が着席した。全員が揃ったのを確認したところで池田氏が皆の前に立って話し始めた。後半の開始である。

「はい、では後半をはじめます。前半に説明しましたように、世界で最初の原子爆弾は、１９４５年、昭和20年８月６日午前８時15分に広島に投下されました。それから３日後の８月９日午前11時２分に、２発目の原爆が長崎に投下されました。では、その原爆はどんな威力があったのか？これから原爆の威力についてくわしく解説します。

原爆の威力は、大きくは『熱線』『衝撃波』そして『放射線』の三つに分かれます。まず『熱線』について説明します。原爆の爆発後に、直径２００ｍほどに膨れ上がった球体の中心温度は摂氏約１００万度。球体の外周温度は７０００℃。」

池田氏は前半と打って変わって、歩き回りながらスライドを切り替えて説明していく。ここで池田氏が子供たちに質問をした。

「はい、ではここで皆さんに問題を出します。太陽、あの太陽の表面温度は、何度でしょうか？」

子供たちは口々に色々な数字を言う。友達同士であぁだこうだと大騒ぎである。「はい、わかった人、手を上げて！」という声に、数人が手を挙げる。その中のひとりを池田氏が指差す。

「はい、じゃあ君！　お名前は？」「鈴木です」「はい、鈴木さん。答えは？」

というやり取りがあって、正解が出る。

「はい、正解！　正解です！　すごいね△△小学校は！　はい、みんなで鈴木さんに拍手！」

子供たちが「おぉ〜！」という声を上げ、大きな拍手が教室内に響く。尚、正解は6000℃である。

「あの太陽よりも、更に１０００℃も熱い球体が、皆さんの頭の上、６００ｍの高さに突然出来るんです。６００ｍというと、東京スカイツリーの第二展望台のあたりです。つまり、あの太陽が東京スカイツリーの高さまで近付いてきたようなものですね。」

これを聞いて数人の子が頭上を見上げたり、あるいは教室の窓から外に見える空を眺めやったりする。自分なりにイメージしているのだろう。

説明はどんどん続く。

「次に『衝撃波』です。先ほど説明しましたが、原爆が炸裂後、２００ｍの大きさの球体が空中にできます。この中心温度は１００万度にもおよび

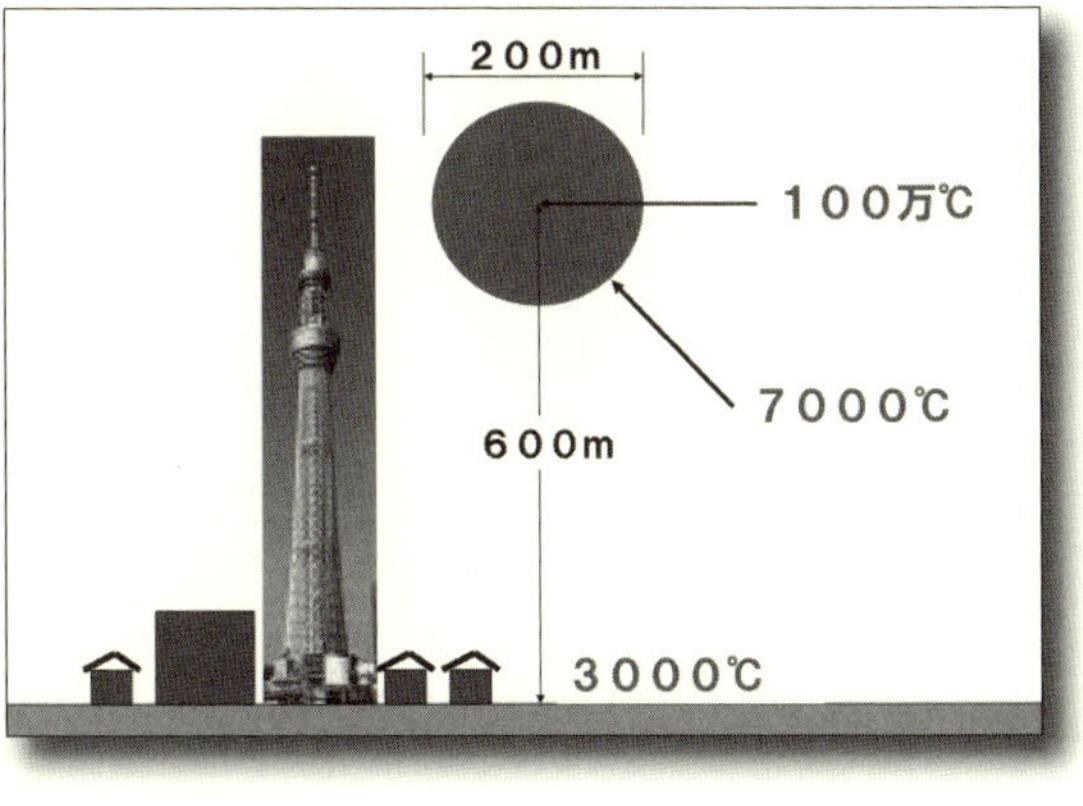

▶「リトルボーイ」爆発時の高度とスカイツリーの高さとの比較

ます。この超高熱があたりの空気を一気に膨張させ、大きな音とともに、原爆の威力のひとつである強い衝撃波を発生させます。衝撃波の速度は、爆心直下で毎秒４４０ｍ、音速は毎秒３４０ｍですから音速よりもはるかに速い速度です。ですから、周辺ではまず衝撃波が襲い、その後に爆発音が聞こえることになります。この衝撃波が爆風となって周囲に広がり、あらゆる建物を吹き飛ばし、崩壊させます。」

熱線、そして衝撃波。これらが凄まじいものであるということを説明したあと、それらに直撃された爆心地付近では一体どのようになったのかということが解説されていく。

「爆心地では、ほぼ真上に球体ができます。この球体から熱線や衝撃波が襲ってきます。爆心地で屋外にいた人のすべては、３千度以上の熱線に照射され、その後の衝撃波によって一瞬で消え去りました。」

そして爆心地付近でのいくつかの証言について紹介がされていく。

「次の証言です。ビルの前の階段に腰掛け、会社が開くのを待っていた人がいました。その人も一瞬に消え去り、その人が腰掛けていたコンクリートの階段にはその人をかたどった黒い影の染みだけが残りました。これです。」

ここで一枚のスライドが映し出された。子供たちが大きくどよめく。そのどよめきが収まるのを確認してから、原爆ドームの元の姿の紹介などが続く。

そして話は原爆雲、いわゆるキノコ雲の発生するメカニズムに及んだ。

「さて、大きな球体は、その100万℃を超える高熱によって爆心地付近の空気を一気に膨張させます。膨張するということは、爆心地の空気は外へ外へと逃げていくわけです。ですから、爆心地付近は一時、真空に近い状態となります。空気がなくなるわけですね。その後、今度は周りの空気が一気に真空地帯に逆流してきます。空気は熱せられると軽くなります。ですから、爆心地付近では、物凄く強い上昇気流ができます。この時には既に、周りの建物などは粉々に砕かれていますので、その残骸粉が水蒸気と一緒に上昇気流に乗って上昇し、上空で冷却されて雲となります。雲にはなりますが、上昇気流が物凄く強いので、雲はまだまだ、どんどん、どんどん上昇します。やがて成層圏の手前まで来ますと、それ以上は雲は上昇できず、横に広がり、キノコ型になります。これが原爆雲です。」

複数のスライドと合わせて説明されると、子供たちの表情は「へぇ～！」という感嘆に似たものになった。水蒸気が上空で冷やされると雲になる。熱せられた空気は軽くなって上昇する。いずれも理科で習ったことである。それがこのような形でつながることに感動する子もいた。確かに原爆は恐ろしい。しかし闇雲に恐れるのではなく、知的好奇心が刺激されて、もっとちゃんと知りたいという興味を喚起される子も

▶キノコ雲が発生するメカニズム

多いように見受けられる。

更に原爆雲の解説が続く。

●キノコ雲の天辺《てっぺん》が平らである理由

●この写真を撮影したのが、エノラ・ゲイの随伴機であること

●原爆雲には大量の粉塵が含まれているため、真下から見ると粉塵が太陽の光を屈折させ、赤や紫などの不気味な色に見えること

それらが説明されるごとに、前半で聞いた話につながっていることに気がつく子もいるようで、例えば義三が見た化け猫の足のような雲がどうして不気味な色彩だったのかということに気付く子もおり、そういう子にとってはある種の推理小説のトリックに気付いたような知的興奮を感じるのかもしれないと思わされるのである。

教室内が何とも言い難い妙に軽い高揚感に包まれているような状態の中、池田氏がまた子供たちに問題を出した。

「はい、今スライドに1kgと表示されていますね。1kg。この1kgという重さは、広島に投下された原子爆弾リトルボーイに深い関連がある重さです。この1kgとは、いったい何の重さでしょうか？　はい、わかる人は手

をあげてください。」

これは難しい。大人でもすんなり回答できる人は稀だろう。恥ずかしながら私も最初はピンとこなかった。当然ながら子供たちもなかなか手が挙がらない。それでも何人かが頑張ってチャレンジする。よく出るのは、リトルボーイの重さ（不正解。先述の通りリトルボーイの重さは約４トン）や火薬の重さ（不正解。リトルボーイは起爆装置に若干の火薬を使用しているものの、通常爆弾のように火薬を原料とはしていない）などであるが、中には鋭い子がいるものである。

「はい！」「はい、じゃあ君！　名前は？」「田中です」「じゃあ田中くん、答えは？」「ウラン」「正解！　すごい!!　みんな拍手!!」

教室中が「すごい!!」という空気になって、みんなから大拍手が沸き起こる。正解した子は照れくさそうである。

そう、ウラニウムが正解である。より正確には、リトルボーイに積まれていたウラニウムは60㎏であり、そのうち核分裂に成功したのが１㎏なのだという。尚、長崎に投下されたのはウラン型ではなくプルトニウム型である。そのような補足を語ると池田氏が更に問いかけた。

「では、ウラン1kgとは、どのくらいの大きさか？　はい、これを見てください。」

そしてポケットからおもむろにゴルフボールを取り出して、全員に見えるように高々と掲げた。

「これは何ですか？　そうです、ゴルフボールです。このゴルフボール1個とほとんど同じ大きさがウラン1kgなんです。たったこれだけです。たったこれだけのウランが核分裂を起こすだけで広島の街全体を破壊したのが原子爆弾です。たったこれだけです。」

教室中が再びどよめく。子供たちよりもむしろ先生や保護者など大人たちのほうが衝撃が大きいようにも感じられる。どよめきが収まったところで、更に説明が続いた。

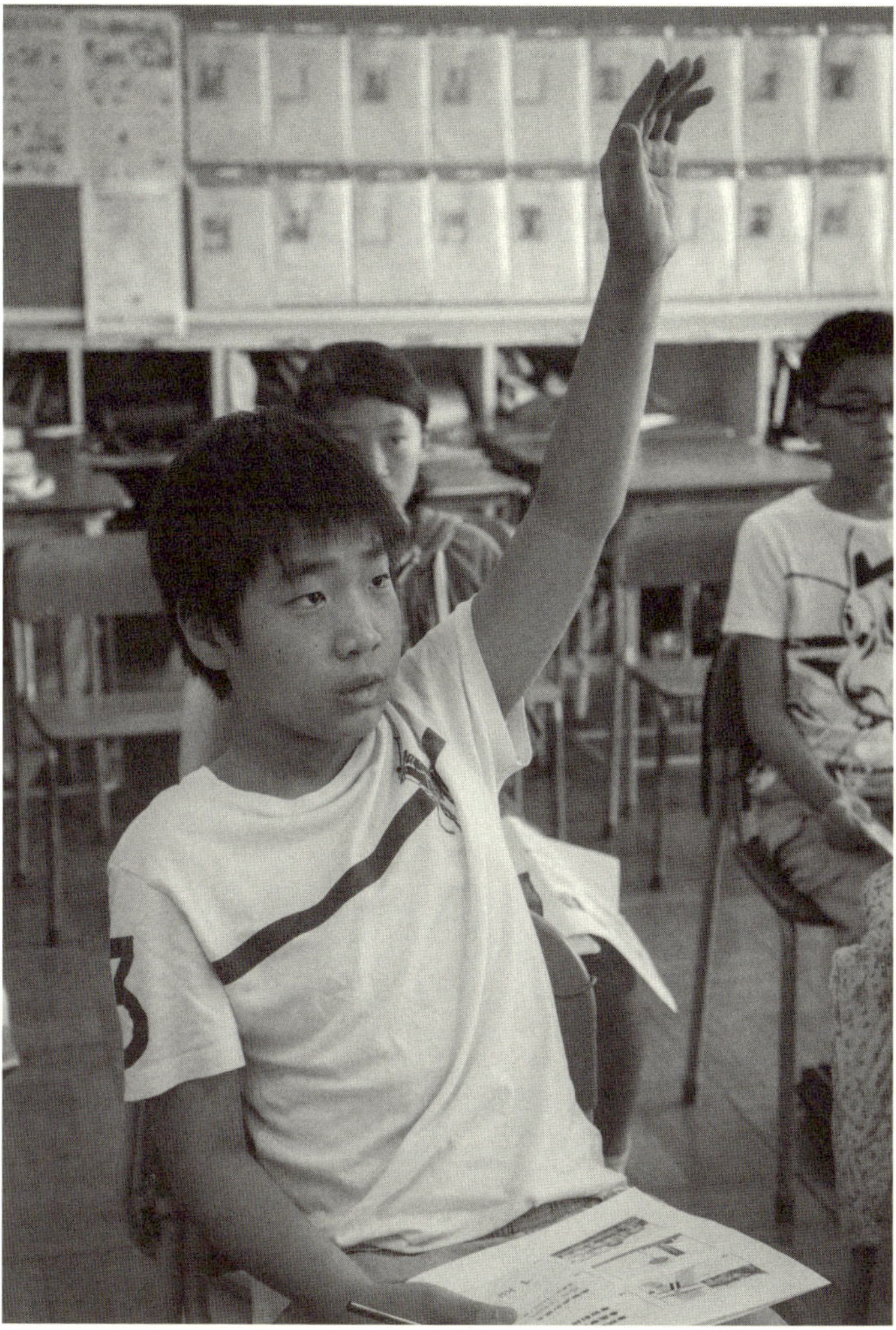

「原爆の威力で、もうひとつ忘れてはならないのは『放射線』です。原子爆弾によって多くの人々が放射能の被曝をしました。今日は放射能や放射線が人体に与える影響を簡単に説明しておきます。」

そういうと大量の放射線が人体にもたらす影響についての説明が行われた。

「はい、このように……、このように、広島に投下されたたった一発の原子爆弾は、24万人もの人々が被爆し、14万人の命を奪いました。そしてその14万人の中の2万人の方々は、一瞬にしてこの世を去ってゆかれ、跡形もなくなってしまったのでした。」

ゴルフボール1個分のウランがもたらしたもの。それを知った子供たちはそれぞれに色々なことを考えているようで、何とも落ち着かない雰囲気になっていったのである。そんな空気の中で、池田氏が話を続けた。

「はい、では話を前半の続きに戻します。ここからはまた、私の話に集中して欲しいので、筆記用具は全部椅子の下に置いて、手には何も持たないようにしてください。」

子供たちはみな一様に「!!」という表情を浮かべ、そしてそそくさと筆記用具を椅子の下に置いて座り直した。前半での過酷な描写が脳裏をよぎるのだろう。緊張感が少しずつ戻ってくる。そう、授業時間はまだまだ残っているのである。

帰還

「昭和20年8月11日。原爆が投下されてから五日目のことです。今日も相変わらず元安川での遺体収容と焼却作業が続けられていました。」

池田氏の口調は、先ほどまでの明るい授業という感じから、再び淡々としたものに変わっている。まだまだ悲惨な状況が続くのだろうか。スライドも地図に戻っている。

「最初の頃は、死体の強烈な腐臭で何度も何度も嘔吐していた私ですが、この頃になるとその腐臭にも慣れてしまい、そして変わり果てた死体に対しても恐怖というものは一切湧いてきません。人間の慣れというのは全く恐ろしいものです。

遺体を担ぎ上げようとした時、その遺体の傷口に何か白いものがうごめいていました。よく見ると、それは無数の蛆虫です。」

ここで子供たちが「うぇ～っ!!」という表情を見せた。腕をもう片方の手でさする子もいる。

「注意して他の死体を確認すると、殆どの遺体の傷口に蛆虫が湧き出ていました。傷口がない死体でも、その内部はもう相当の蛆虫が蔓延《はびこ》っているはずです。蛆虫どもに遺体を侵食される前に、とにかく遺体を早く荼毘にふさなければ……。その時を境に、遺体の収容と焼却作業の速度が急に増したのは、私たち第二班だけではありませんでした。」

このあと話は、８月13日の夜に「８月15日の早朝までに江田島に戻るように」との帰還命令を受理し帰路に着くまでの簡単なエピソードを紹介して、特別何かを感じさせることもなく進んでいった。そして帰路の途中でのある姉弟との出会いが語られる。

「御幸橋の手前に差し掛かった時、十歳くらいの男の子が私のそばに来て、私の軍服をひっぱります。どうもこの子の姉さんが傷を負って苦しんでいるようです。私たち第二班の九名は、男の子のあとに付いて焼け跡の中に入っていきました。」

「2、30mくらい焼け跡の中を入っていくと、17、8歳くらいの女性がうずくまり、必死な思いで痛さに耐えていました。後ろに束ねた髪は泥にまみれ、モンペも泥と煤にまみれて真っ黒です。

その女性の周りには、何匹ものハエがうるさく飛び回っていました。女性は、左足のふくらはぎを押さえています。ふくらはぎには包帯が巻かれているものの、出血と膿でどす黒くなり、魚が腐ったような臭いが、1m離れて立っている私にも臭ってきます。

私たちはすぐさま、女性の傷の処置にとりかかりました。まず包帯をはがそうとしたのですが、傷口に張り付いて容易に剥がれません。

やっと患部が見えました。大きな火傷のなかにぽっかりと開いた傷口があり、その傷口はすでに化膿して膿が流れてきます。そしてその膿と一緒に、大量の蛆虫が湧き出してきました。生きた人間の傷口にも蛆虫が繁殖していたのです。」

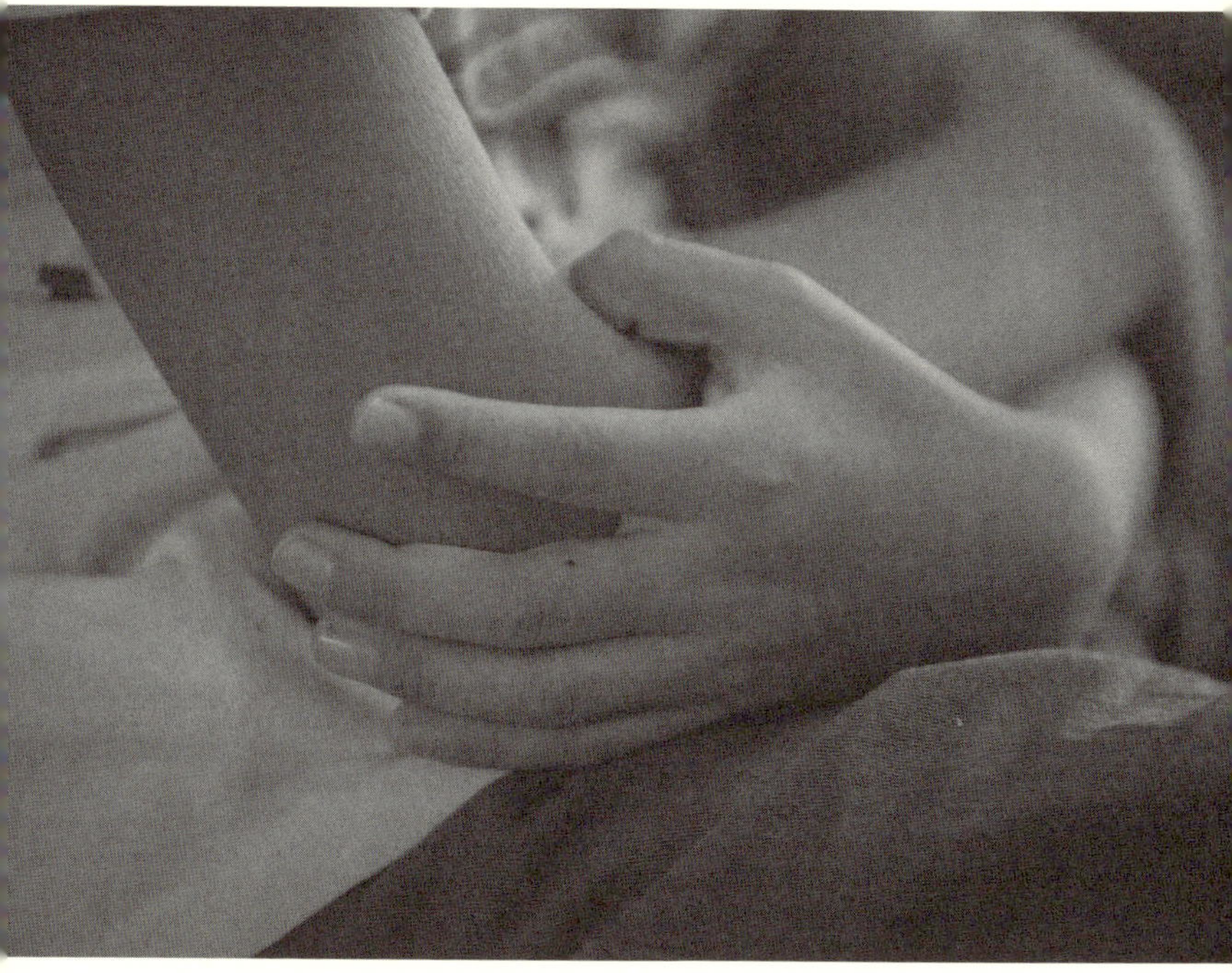

この話を聞いて、子供たちはもう耐え切れないという風に隣の友達と顔を見合わせたり、「うわぁ〜、気持ち悪い〜」と小声で呟く子もいる。10歳くらいの男の子というと、自分たちとほぼ同い年である。それが尚更にリアリティを持って感じるのかもしれない。

「傷口に蔓延る蛆虫を取ってやらなければなりませんが、ピンセットのような道具は持っていません。まず傷口を水で洗い、帯剣の先で根気よく蛆虫をとってやりました。」

顔をしかめる、というのはこういう表情を言うのだろうと思わせるような、そんな表情をする子供たちが大勢いる。前半の無言で悲惨な描写を聞いていた緊張感とは異なり、頭での想像よりも皮膚感のようなものを刺激されているかのようにも見える。

「やがて処置は終わりました。花野上等兵が傷口に綺麗な包帯を巻いてやっています。『よし、出発しよう。この女性は交代でおぶっていこう。宇品桟橋には救援所があるはずだ』。私たちは宇品桟橋に向け、隊列を組んで出発しました。御幸橋を渡り、宇品通りを南下してゆきます。指を折って数えますと今日で九日間。長いようで短かった九日間でした。」

そして池田氏は、穏やかな口調でこう語った。

「しばらくして振り返ると、石山上等兵の背中に女性がいました。男の子はその後を離れずに付いてきます。『石山上等兵、代わろう』遠慮する石山上等兵を制して、私が女性をおんぶして歩きました。元安川で死体をおぶって運んだことを思い出します。なんと嫌な作業であったことか。しかし、この女性をおぶっている今は天国と地獄の差。背中に暖かい感触が、生きている感触が伝わってきます。」

義三の物語に一区切りついたのだ。そう教室中が感じて、ほっと安堵の雰囲気に包まれるのが感じられた。

終幕

そして池田氏は、主人公である義三の60年後の話を語り始めた。とある人からの手紙の紹介のあと、いつしか『私』は義三ではなく池田氏自身になっており、義三を「父」と呼んで、ふたりで戦後60年以上経って初めて広島に再び赴いたときのことを語ったのである。

「平成18年の1月、私と父は広島を訪れました。父としては、被爆してから初めての広島訪問です。当初は前年の8月6日に広島を訪れる予定でしたが、その時父は体調をくずしたため、夏場の旅行を避けて冬に持ち越したものでした。その時父は八十歳になっていました。私は父の体調を気遣いながら、父と二人で広島平和記念資料館を巡りました。」

そのときの様子が淡々と池田氏から語られる。父こと義三氏は原爆資料館の様々な展示物を念入りに眺めながらも、何も語らず淡々としていたという。

そして、しばらくの沈黙のあと、一枚の写真が表示された。被爆再現人形。被爆した女性を模した人形だ。モンペ姿で顔に大きな火傷を負い、両腕を斜め前方に垂れ下げ、その指先からは爛れた皮膚がだらりと剥がれ落ちている。その写真を見た子供たちは「うわっ！」と顔をしかめた。目を背けたそうな振る舞いは、先生たちや保護者たちにも看て取れる。

「人形を見ていた父は、その時初めてぼそっと言葉を発しました。」

そう言ってから池田氏は再び長い沈黙に入った。義三氏はいったい何と言ったのか？　否が応でも子供たちの目線は池田氏に吸い寄せられていく。

長い沈黙の末、池田氏から出たのは予想外の一言だった。

「綺麗すぎる。」

この一言に、子供たちが、先生たちが、保護者たちが、教室中の全員が衝撃を受けた。

あと8名は第三期生出身者ばかりで
ございました

「はい、ではここで、5分程度のビデオをご覧ください。」

衝撃が醒めやらぬ中、池田氏がそういうとスクリーンにビデオが投影された。そこには60年以上の歳月を積み重ねた80歳を過ぎた池田義三氏が映っていた。ビデオの中の義三氏は淡々と当時の様子を語っていく。それはこれまで池田氏から聞いたのと同じ内容である。しかし脳裏に当時の光景が甦るのか、突如感極まった義三氏は無言になってしまった。

長い長い沈黙のあと、ようやく再び語り始めた義三氏は、しかし先程のように淡々とではなく、涙声が震えるのを必死で抑えながらの語りであった。そしてこう語るのだ。

「現在の原爆資料館には被災者の生々しい姿が展示されていますが、しかしながら実体験者としてはそんな生やさしいものではない。」

「だからと言って、言葉や文章を尽くしても表現の伝え様が見当たらない。」

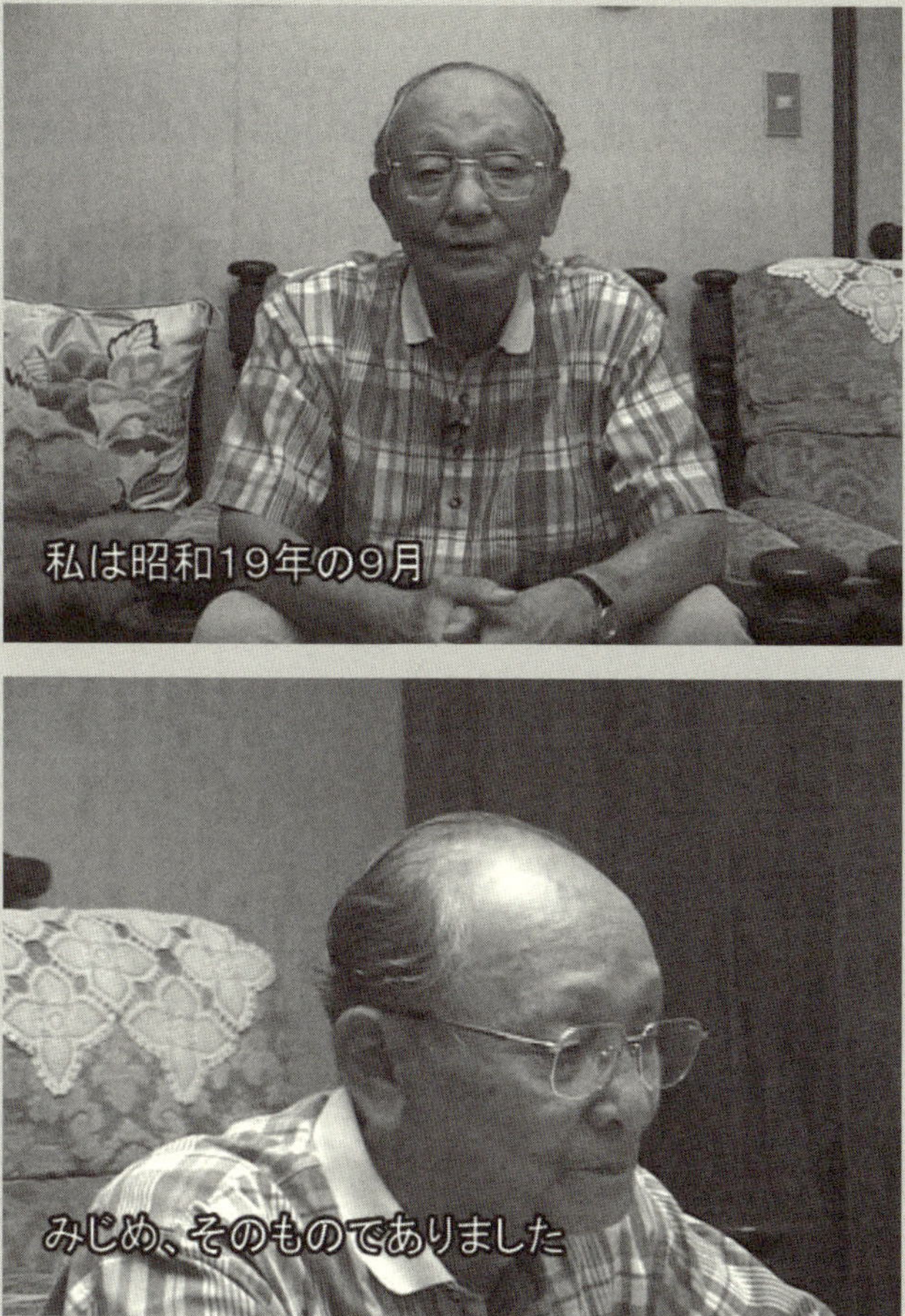

▲ビデオから語りかける在りし日の池田義三氏

教室中が打ちのめされたような雰囲気になった。
そして気付いたのだ。私たちはこの5分のビデオを、そこに映る義三氏の心情の一端を理解するために、これまでの85分間の特別授業を聞いたのだと。だがしかし、それを本当に理解するなど不可能なのだということを。「理解できない」ということを理解するためのものであったのだと。

全員が目を背けたくなった被爆再現人形の写真が綺麗過ぎるというのなら、そして実体験者が言葉や文章では到底伝えられないというのなら、私たちの理解はどこまでいっても「わかったつもり」にしかなれないことを突きつけられる思いに至るのである。

気持ちの持って行く先を見失ったかのような雰囲気に包まれ教室中が圧倒されてるうちに、ビデオが終わった。

「広島旅行から帰って一週間後、父から『参考までに』という添え書きが入った、一通の手紙が届きました。その短い手紙を紹介して、今日のお話を終わりたいと思います。」

そういうと池田氏は封筒から一通の手紙を取り出して読み始めた。それを聞きながら、涙をハンカチで拭《ぬぐ》う保護者の方がいた。圧倒されたという風な状態の子供たちがいた。感じるものをこらえる表情の先生たちがいた。そして池田氏が手紙を読み終えた。

「この父、池田義三は、平成21年に82歳で永眠いたしました。死因は脳梗塞でした。……はい、90分もの長い時間、真剣に聞いていただきまして本当にありがとうございました。これで私のお話を終わらせていただきます。本当にありがとうございました。」

終わった。沈黙。拍手など無い。誰もが自分の気持ちを持て余しているかのような表情を浮かべている。

担任の先生が締めと池田氏に対するお礼の言葉を述べて、ようやく場の雰囲気が弛緩する。子供たちは次の授業のために椅子と筆記用具を抱えて、教室を出て行く。池田氏の前を通り過ぎるときに「ありがとうございました！」と言う子も多い。そんな雑然とした状況を眺めやりながら私は衝撃から抜け切れずに呆然としていた。

何だこれは。何だこれは!?

その描写は怖かった。聞いていて心が痛かった。しかし興味深くて好奇心をそそられた。最後には涙が出そうになった。広島について、原爆について、もっと色々と知りたいとも感じた。この感情は一言では言い表せない。まるでよく出来た90分の映画を観せられたような感覚。そして子供たちの反応。それだけでない。先生たちや保護者の方々の反応も非常に興味深い。とにかく、とんでもないものを目の当たりにした気分なのである。

そしてはっと気がついた。この手の反戦・平和話にありがちな説教臭い、あるいは押し付けがましい言葉が何も無かったと。90分の間に原爆も戦争も日本もアメリカも良い悪いなど一言も言ってない。淡々と主人公の義三少年がどんな状況だったのかという事実を語り、プラスアルファとして原爆とはどういうものかという事実を解説しているだけであったのだということに思い至り、心から感嘆したのである。

これを無理矢理に一言で表すなら、なるほど確かに「面白い」になるだろう。

そして俄然興味が湧いた。この「面白い」特別授業は一体どのようにして生まれたのか。かくして私は池田氏に、色々と根掘り葉掘りと話を聞くことになったのである。

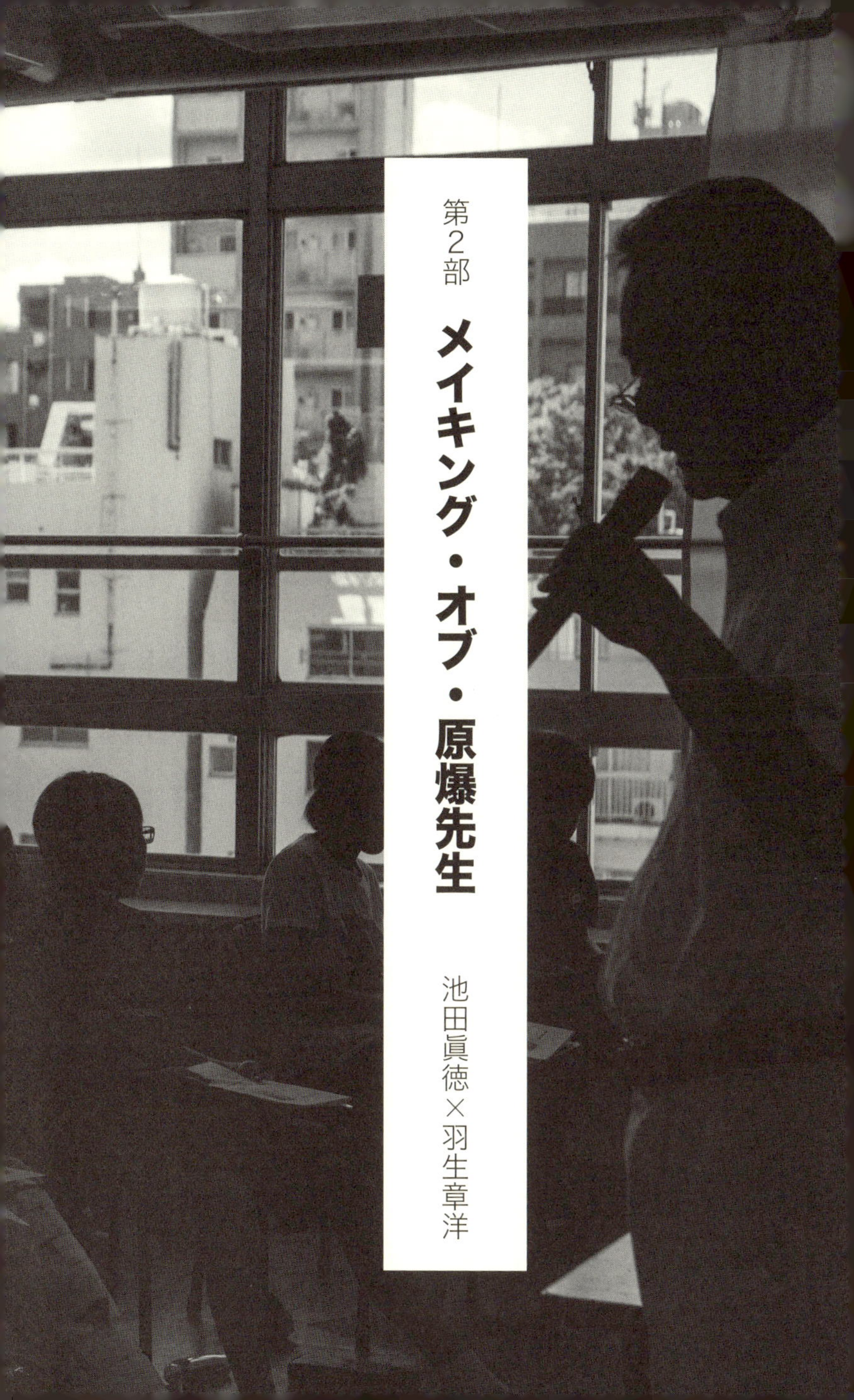

第2部

メイキング・オブ・原爆先生

池田眞徳×羽生章洋

バトンタッチ

初めて見た特別授業で「面白い」と感じた私は、その後も何度か同行させてもらい授業を見ることで、最初に感じたものが偶然の産物ではなく、毎回安定して再現されていることを確認し、より一層興味を募らせていた。また小説『ヒロシマの九日間』も書籍を頂戴して読ませてもらっていた。これがまた非常に面白い小説だったのである。これらのことから、好奇心をいっぱいに抱え込んで池田氏の自宅に向かったのだった。

聞きたいことは山ほどあった。しかし五月雨《さみだれ》的に聞いていてもとっ散らかってしまうだけだろう。そう考えた私は、そもそもの初まりから順番に時間を追いかける形で話を聞くことにした。

——小学校での特別授業は、小説『ヒロシマの九日間』からの抜粋ということなんですけど、そもそもこの小説を書いた経緯はどういうものなんですか？

「父親が手記を書いたんですよ。それを読んでたら、何故だか無性に小説として仕上げたくなったんです」

――お父様というのは主人公の義三さんですよね。どうして手記を書かれたのかご存じですか？

「本人が言ってたことなので、嘘か本当かわからないんですけどね……」

笑いながらそう前置きした池田氏は、父である義三氏が手記を書いた経緯を語り始めた。

それは戦後50年以上を経て21世紀を迎えた平成13年（２００１年）の初夏のことであった そうだ。終戦後、復員した義三氏は生まれ故郷である大阪府和泉市に戻って生活していた。その町には松尾寺という結構由緒のある寺社があり、義三氏はこの松尾寺まで散歩に出かけるのが日課になっていたという。

その日もまた、いつものように義三氏は松尾寺に参拝し本堂裏の階段でうたた寝をしていた。その時、夢の中で被爆者が現れ、義三氏に体験手記を書くように語ったというのである。

「信じられない話ですけどね。本人がそういうんだから、そうなんでしょう」

池田氏は笑った。

事の真偽はともかく、義三氏がその日から一心不乱に手記を書き始めたのは事実である。そして約1年後、長い手記が完成したのであった。

――その手記を見て、すぐに小説の執筆に取り掛かったということですか？

「いえいえ、恥ずかしい話ですけどね、全然興味が持てずに放置してたんですよ」

平成15年夏、義三氏が綴った手記の複製が東京に住む池田氏の元に送られてきたのだそうだ。しかし池田氏はその手記にパラパラと目を通しただけで、そのまま本棚に並べてしまい、それっきりだった。

「私はその頃、広島・長崎の話にはまったく縁がない人間でした。広島・長崎に関する話を嫌っていた、と言っても過言ではないくらいなんです。」

池田氏は、中学生の頃に学校で広島の被爆体験者の体験談を聴かされたのだという。池田氏にとってその話があまりにも辛く嫌なものであったがため、また、体験者の平和・反戦・反核という思いが余りにも強かったため、正直なところかなり閉口したことが非常に強い印象として残っていたのだという。その印象の延長に感じられたのか、義三氏の手記もまた同様に、読みたいという気持ちには到底なれなかったのだそうだ。

この話には私も共感するものがあった。私もまた中学時代に広島への修学旅行に際して事前授業として原爆についての話を聞かされたわけだが、酷さを強調して不安と恐怖を煽ろうとしていると感じてウンザリした、という感覚が残っているからだ。

しかし、では何故その手記を読むことになったのだろうか？

「これもまた不思議な話なんですけどね……」

平成17年の9月、池田氏は何の気なしにホームページを検索していたのだという。そのとき偶然にも、岐阜県多治見市にある「池田眞徳稲荷神社」という神社を知ったのだそうだ。

「池田眞徳、とは自分の名前と同姓同名?です。これには驚きました。これが池田神社、というように姓だけが同じであればさほど驚くことはなかったでしょう。また眞徳神社、というように名前だけが同一の神社であったのなら、仕事か何かで名古屋へ行ったついでに訪問してこよう、とその程度で軽く考えていたに違いありません。しかしながら、池田眞徳、というように苗字も名前も同じであり、しかも眞の字が『真』ではなく『眞』であり、徳が『徳』ではなく『德』なのです。全てが同じであったのです。」

これは何が何でも行かねばならない。池田氏はそう強く感じた。そして早速東京から多治見市に出向き、池田眞徳稲荷神社に参拝した。

「行ってみると、自分と同じ名前の赤いのぼりがたくさん並んでいるのが印象的でした。」

参拝自体は特別な出来事が起こることもなく、ごく普通の観光という風味であっさりと終わった。

転機は帰宅後に訪れる。池田氏が池田眞徳稲荷神社に参拝し、東京の住まいに戻ってテレビでも視ようかと畳に腰を下ろしたその瞬間、本棚に並べてあった義三氏の手記が目に止まり、やけに気になって仕方がない状態になったという。

一度読んでみるか、と2年以上もの間ずっと放置していた手記を取り出して読み始めると、その面白さに一気に引き込まれ、そして1時間ほどで読み終えたとき、押さえがたい衝動が湧き起こっていた。

「気がついた時にはパソコンの電源をオンにして、ワープロソフトを立ち上げてたんです。」

そして義三の手記に沿って自分なりの文章をつくりはじめていたという。かくして1年後、小説としての『ヒロシマの九日間』が出来上がった。そして、この小説は2006年6月に書籍として出版されるに至ったのだそうだ。

――そして小学校でお話するようになった？

「いえいえ、いきなりそうなったわけじゃなくて、むしろ成り行きの結果なんです。」

そう言うと苦笑いを浮かべながら、池田氏は自身の経歴を振り返って語り始めた。

池田氏は、高校時代から大学・実業団と、日本で1、2を争うバレーボールチームのレギュラー選手だった。

「しかし、一流選手になれるだけの素質がなく、12年間必死になって続けたバレーボールですが、結果的に三流の選手で終わりました。」

バレーボールを引退した後、いくつかの変遷を経て池田氏は自身でコンピュータソフトの会社を立ち上げた。15年間ほど続いた会社は、一時かなりの利益を上げた時もあったがご他聞に漏れずバブルの崩壊で一気に傾き、行き着くところは廃業だった。

その後ITベンチャーに追い風が吹く時代が訪れ、池田氏は持ち前のアイデアによってベンチャー企業を立ち上げ、数億の資金をベンチャーキャピタル等から調達するまでに至った。しかし……

「結局その資金もあっという間に使い切り、ここでも会社閉鎖に至ったのです。小説『ヒロシマの九日間』を出版したのは会社閉鎖直後の頃です。」

もうこれ以上の冒険は止めようと考えた池田氏は、55歳になって再びサラリーマン生活を始めた。しかし２年後には社長と衝突を起こして解雇同然の退職を余儀なくされた。時に平成20年（２００８年）初春。しかしこれが転機のきっかけでもあった。

「社長から解雇を言い渡されたその日、会社からショボショボと歩く帰り道に、私の携帯電話に講師派遣会社から電話があったのです。」

それは、関東のとあるA市からの、原爆講演についての依頼電話であった。

35万人
24万人
14万人
死亡率 40%

スタート

Ａ市は広島市と姉妹都市であり、毎年８月６日の広島原爆記念日に市民数十名を広島市に派遣していた。その派遣前に、原爆の体験者から体験談を聴くことが恒例だったそうだ。

「しかし平成20年のこの頃には体験者がまったくいなくなったそうなのです。同市の周辺を探したが見つからず、やむなく当時に原爆小説を出版していた筆者に依頼が回ってきた、という経緯でした。」

Ａ市から講演の依頼を受けた池田氏はチャンスとばかりに承諾した。

――では、その講演が大成功して今に至る？

「いえ、もう全然。これがまさに軽率でした」

何の経験もない、父親の手記を手本に本を書いただけの人間が、ほとんど勉強もせずに臨んだ講演であったと池田氏は語る。

「その結果、あまりにも拙い講演をすることになってしまいました。」

現実として、その後A市からは何の連絡もなく、また講師仲介会社からもその後同様の依頼が一切なかったというのだから、その出来栄えは推して知るべしというところだろうか。

「当時のA市の関係者や、あの時に私の拙い話をお聞き戴いた皆様には、今でも本当に申し訳なく思っています。」

ところが、こんな拙い講演の前に、偶然にもチャンスの芽が頭を出していたのだ。

「実は、講演の練習をどこかで出来ないだろうかと考えたんです。」

Ａ市の講演会の参加者は市職員と市民の方々である。広島の平和式典に参加しようとする方々なのだから、広島や原爆などについてしっかりと勉強している人たちということになる。かくして池田氏は、日を追うごとに講演を引き受けたことを後悔するようになってきたのだという。とはいえ今さらキャンセルすることも出来ない。

「いっそ病気になりたい……逃げ出したいような気持になりました。」

そんな中で、どこかで練習を出来ればいいのではないか、と切羽詰った状態で考え付いたのが小学校での特別授業だった。

「せこいんですけどね（笑）、小学生が対象であれば難しい質問は出ないだろうし、何よりも反発が最小限で済む、と考えたんです。」

――反発？

「非体験者が原爆について語る、という事そのものに対しての反感ですね。」

ああ、と思う。経験してないお前に何が解るのか？ということだろう。これは原爆云々に関係なく、日常的な社会人生活をしていても職場などで遭遇しがちな話ではある。

小学校には当然のごとく子供と先生がいるし、上手くすれば保護者にも聴いてもらえる可能性がある。これは各世代の色々な人々に聴いてもらえることを意味する。となれば、その反応を元に講演の内容を修正出来るのではないか。そして何よりも、A市の職員や市民と比べれば、広島や原爆に対する知識は少ないであろう。そのようなことを想定した。

「こんな愚かな理由で小学校での特別授業を考え付いたのです。今にして思うと、小学生に対する冒涜と言われても仕方がありません。」

申し訳無さそうな表情で池田氏は語った。確かに上から目線の感は否定出来ない。しかし、この考えは短絡的なようで、それほどズレたものではなかったのではなかろうか。私のその思いは次の言葉で確信に変わる。

「こんな愚かな考えで近辺の小学校300校ほどにDM（ダイレクトメー

ル）を送りましたが、なんと４校から申し込みを頂くことになりました。」

そのレスポンス率に、話を聞いている私が驚愕した。経営コンサルティングの現場に携わる商売をしている関係で、ダイレクトメールの反応率などは日常的に色々と分析したりしているのだが、この数値は決して悪くない。いや、この手のテーマでいきなり送り付けてのことであれば、かなりの好成績と言っても差し支えないだろう。

――ではまず、その４校での練習から始まった？

「いえいえ、それがまた、思惑とは逆になってしまって……。」

笑いながら池田氏が語る。この４つの小学校向けの特別授業の実施日はＡ市の講演日よりも後日となってしまい、結局Ａ市の講演の練習にはならなかったのだそうだ。思わず私も、そのチグハグさに笑いが堪え切れなくなってしまった。

「しかし、前後したことが私にとってはこの上ない幸いとなったのです。」

笑いを収めながら池田氏が、穏やかに言を継ぐ。

「小学校の特別授業が講演会より先であれば、A市の惨めな結果にショックを受け、その後このような活動を一切行うことはなかったでしょう。」

意図に反して小学校の特別授業が後になったからこそ、A市での反省を糧《かて》にして、新たな気持で小学校向けの特別授業に臨むことができたのだという。同じ過ちは繰り返さない。A市の講演での問題点に向き合いながら、今度はしっかりと勉強と準備を積み重ね、4つの小学校に向かった。その結果、

「嬉しいことに小学校での特別授業は、子供たちや先生方から良好な評価を得ることができたんです。」

その手応えこそが、それ以降も継続して特別授業を行うことへのよすがとなったのである。特筆すべきことは、なんとこの4校の中に同年から2015年度まで、ずっと連続して特別授業の依頼をしてくれている学校があるとのこと。それが「中野区立

平和の森小学校（当時の校名は野方小学校）」なのだという。

「この４校には、機会を頂けたことに対して心からの御礼と同時に、当時の至らなさを深くお詫びを申し上げたい。」

かくして世にも稀なる特別授業が、ここに誕生したのである。

アドバイス

――特別授業のことについて、お父様とはお話になられた？

「はい、A市での失敗があって、色々と考えることもあり、父にアドバイスを求めました。」

A市での講演会で手痛い失敗をした池田氏は、義三氏にアドバイスを求めたのだという。小学校で二度と同じ失敗をしたくなかったからという思いと同時に、A市での講演会で執拗に感じたことがあったためだ。それは何か？

「非体験者が非体験者にヒロシマを話せるのか？という疑念です。」

池田氏はこの疑念を義三氏にぶつけた。それに対する回答は要約すると次のようなものだった。

「案外、体験者が話すより非体験者が話す方がいいかも知れない。壮絶な出来事を体験したからこそ、体験者が語ればどうしても自分の思いが入ってくる。原爆はいけない、平和が大切、米国の非人道的行為がどうの、とか……。この思いは間違いなく押し付けになる。押し付けは聴き手の心をどんどん離れさせてしまう。」

「体験していない者がこれまでのような体験談を話すことはできないが、逆に体験していない者だからこそできることがあるように思う。ちょっと突飛かも知れんけど、それは映画とかテレビドラマにヒントがあるように思う。」

義三氏は映画やテレビドラマが好きだったそうだ。素人ながらも自身で冒険小説やSF小説などを趣味として書いていたのだという。手記を拝見すると確かに単なる記録ではなく、物語として読ませるものがある。そのような下地があるからこそ、池田氏にも刺激を与え小説執筆へと駆り立てる土台足り得たのであろう。

さらに義三氏は次のようにも語った。

「個人の体験談は記録に残すものであって他人に話すものではない。他人に話すためには、第一に話が面白くなければ駄目だ。実話だからいい、なんてことは絶対にないと思う。特に子供は面白くないものには興味を示さない。一人の体験ではなく、大勢の体験記録を構成して面白い物語にすることが大切だと思う。」

そして義三氏は、後の特別授業の在り方に大きな影響を与えるアドバイスを残した。

「子供が一番面白がるのは普段触れることがない特別な知識だと思う。広島や原爆に関するウンチクを数多く授業に組み込んだらどうか？」

これを聞いて、私は先日直面した特別授業を思い返していた。そして合点がいった。授業の中盤、原爆にまつわる様々な話を聞いている子供たちは好奇心を目一杯刺激されていた。あの授業構成はこの義三氏のアドバイスに端を発していたのである。

単なる手記の朗読だけではない。あの90分にはもっと色々な工夫が考えられているのではないか？　私はさらに授業そのものについて聞いた。

工夫

――何度か授業を観て、ウンチクもさることながら、他にも色々と実は工夫があるんじゃないかと感じてるんです。

悲惨さを感じるにもかかわらず、子供たちがあれだけ集中するのは何故だろう。何故、冒頭で筆記用具を椅子の下に置かせるのだろう？　大小さまざまな事柄が気になって仕方がない。あれもこれもと聞きたくなるこちらを制するかのように、池田氏が語りだした。

「まず重要なことは、私は決して理解させせようと思っていないということです。」

どういうことだろうか？

「ある校長先生がこんな風に仰《おっしゃ》ったんですよ。わずか90分の授業で子供たちが理解できるなら、私はそのゲストティーチャーに百万円を払っても惜しくはありません、と。」

それはつまり裏を返せば、90分程度の話で本当の意味で「理解」をさせることなど出来るわけがない、ということを示唆していると言える。

私自身も度々講演会や講習会などに参加することがある。その講演会で講師の巧みな話を聴いている時は、話を理解できている、そんな気分になっているのだが、講演会が終わってしばらくして高揚感が消え失せると、ほとんどのことを忘れてしまっている……、そんな経験が山ほどある。

また、わかり易く説明する、というのが売り文句になっているケースもたくさん見かけるが、わかり易い説明で子供たちが理解できるなら、子供たちの大半がテストで１００点満点を取れるはずではないか。

「結局のところ、私たちは〝きっかけ〟を提供するにすぎないんです。」

池田氏は、原爆先生の役目は、子供たちが原爆や広島に興味を抱き自分自身で勉強するようになる、その「きっかけ」を創り出すことだという。決して子供たちに理解させることではないのだと。

「だからこそ特別授業は、子供たちが原爆や広島に興味を抱くような内容にしなければなりません。」

理解ではなく興味。それが原爆先生の最大の課題であり、また目的でもあるのだという。

「よくね、風化させないように、なんて言うじゃないですか。どうして風化しちゃうんでしょうね。」

唐突に池田氏がそう言った。そのまま言葉を続ける。

曰く、戦争の記憶を風化させないように、とか、震災を風化させないように、などと言う声は山ほど聞こえてくる。それは原爆についても同様である。しかし、では何故風化するのか。風化させてはいけないのか。そもそも本当に風化してるのか。

――言われてみると確かにそうですね。

「誰も興味を持たなくなって見向きもしなくなるのが、風化するということだと思うんです。」

そう言うと、池田氏は保護者や先生方の声を教えてくれた。保護者や先生方は当然ながら原爆のことを知っている。だから子供たちにもきちんと知ってほしい、話を聞いてほしいと思っている。

「でも、じゃあ自分が積極的にまた聞きたいかというと、実はそんなことないんですよ。」

子供たちには聞かせたいけど、自分たちは出来ればもう勘弁してほしい。それが正直なところなんですよね、と池田氏は笑った。つまり、大人たちが興味を持っていないということだ。

「一方でね、それこそディズニーランドなんて風化する気がしないですよね(笑)。」

――確かに。むしろ大人の方が子供をダシにして張り切って楽しみそうですね(笑)。

そう返しながら〝なるほど〟と感じる。原爆の話との比較にディズニーランドを引き合いに出すことの賛否はあるだろうが、興味・関心の維持と風化の関係という観点で見やると、確かに両者の相違点が浮かび上がってくる。

風化させないようにしよう、というスローガンは確かに誰もが同意はするものの、では具体的に何をどうすればいいのかと思うと、行動するのが難しいのも事実である。しかし「興味を持たせる」ということに成功して、より多くの人が関心を持ち、一人でも多くの人がより深く原爆のことについて知りたいと思うのであれば、その人数が少しずつでも増えていくのであれば、それは結果として風化という事態を防止することにつながっていくだろうと感じることは出来る。

――では、その「興味を持たせる」ということを実現するために、具体的にはどんなことをしてるんでしょうか？

「次の三点を心がけています。」

その三点とは、

●物語という形式

●イズム中立

●事実のみを淡々と

なのだという。

「重要なのは、これは私たち自身が実際に体験したことではないということです。」

そういうと池田氏は、体験談というものについての自身の考えを語り始めた。

物語

原爆の体験談に限らず、戦争や災害などの体験談には次の2種類がある。
1　自分自身の体験を語る体験談
2　被爆地や被爆者などを第三者の目で視た体験談
これは当たり前のように感じられることだが、

「原爆先生として、400回以上特別授業を行ってきて、やっとわかったことでもありました。」

……自分自身の体験談を語ることができるのは体験者自身だけであり、他人が代弁することはできない。辛かった、苦しかった、痛かった、という主観は本人だけがわかることであり、決して他者が理解できるものではない。それ故に、その体験談をもし無理に他者が代弁すれば、
「なぜ、あなたに体験者の気持ちがわかるのか？」

という違和感が聴き手の側に生じることになる。この違和感が続くと「あなたにそんなことを語る資格があるのか？」という反発へと変わっていくことになる。いきなり仕事をクビになった、いきなり家族あるいは自分自身が大病に倒れた、あるいはいきなり失恋した、など様々な事態に直面したときに、したり顔で語られても「お前に何が解るのか？」という気持ちにしかならないのも同様であろう。それが特に過酷な原爆の体験談であれば、非体験者が代弁することなどできるものではない。

ところが、第三者の目から見た体験談は客観的なものであるゆえに、他者でも代弁することが可能になる。愚者は経験に学び賢者は歴史に学ぶなどと言われるが、では歴史とは何かというと、つまるところは赤の他人の経験に過ぎないものだと言える。つまり、言い換えれば、「後世の人々が伝承できるのは第三者の目で視た体験談でしかない」ということになるだろう。義三氏の手記は、偶然にもその第三者的な客観性を有していた。それ故に、「義三が見た光景」を伝聞として伝えることが可能になった。

「そこで義三という主人公の物語という形で伝えるようにしてるのです。」

これが先ほどの三点のひとつめの話につながる。
物語という形式にすることで、主人公の義三たちがどうなるのか？　子供たちはハラハラ・ドキドキしながら話を追いかけることが出来るのだ。

「つまり被爆談ではなく、被爆地での物語なんです」

もちろん義三氏も戦後の数十年を原爆病に苦しんで生きた事実がある。しかし特別授業で語る1945年8月6日から15日までの9日間は、幸いな事にほぼ無傷であったが故に、軍令に従って様々に過酷な状況を乗り越えてきたのである。子供たちはその18歳の少年兵の爆心地での奮闘を聞くことになる。そのようなストーリーがあるからこそ、子供たちは「次に何が起こるのか？」「主人公は一体どうなるのか？」と興味を持ち続けながら、最後までしっかり集中して聴くことができるのである。

「こうして主人公の目線で場面に臨場できるようにすることで、結果として聴き手が主人公に共感する手掛かりを提供できるんです。」

体験談に共感しなさい、と言われて共感出来るかというと、それは難しいだろう。だが、映画やドラマ、あるいはマンガなどと同じように主人公を通じて何かを感じることは可能である。90分の授業で語られる物語のなかでは、壮絶な被爆地や被爆者の様子が現れ、それらに直面する主人公たちが苦しみ、迷い、悩みながらも苦難を乗り越えて目的を達成する姿が描かれる。この物語を聴く子供たちはあたかも主人公となって物語のなかに臨場し、感動し、主人公たちに共感することによって、自分なりの心で様々なことを感じ取る。その心の動きの激しい変転と興味が「面白い」という表現になるのだろう。

「面白くなければ興味をもたない」

面白いからこそ子供たちは興味を持ち、もっと聴きたい、もっと知りたい、という気持ちになって自分で勉強を始めることになる。ただ壮絶な内容を羅列して、威圧したり恐怖や不安を煽るだけでは子供が興味を持たないだろう。いやむしろ「もう二度と聴きたくない」と思い込ませてしまい、目を背け無関心となり、結果として風化を促進することにすらなってしまうかもしれない。教訓を物語として伝える。まるで昔話のメカニズムと同様のものが仕込まれているのだ。

ここでふと思い至るものがあったので、私は池田氏にこう言った。

――義三くんが主人公の物語として考えるなら、まるで「神話の法則」の往きて帰りし物語のようですね。

ヒット映画を作るための脚本の考え方として『神話の法則』というものがある。この『神話の法則』は著者であるクリストファー・ボグラーが、神話学者ジョセフ・キャンベルの執筆した『千の顔をもつ英雄』の神話研究を元にして、そこで考察された神話の構造を映画の脚本用に整理したものである。尚、『千の顔を持つ英雄』は、ジョージ・ルーカスが最初のスターウォーズ制作に際して、脚本執筆の手本にした事でも有名である。

この『神話の法則』を乱暴に要約すると、日常のありふれた生活をしていた主人公が、一変して冒険に放り出されることになり、様々な艱難辛苦を乗り越えて目的を達成し、再び日常に戻ってくる、というものである。この図式に照らし合わせると、主人公の義三少年はいつも通りの暮らしの中で、よくある命令を受けて広島市内へと向かったが、そこで突如原爆に遭遇する。そこから軍令を受けて様々な試練に遭遇するも、最終的には任務を果たして帰還する。これだけを見れば、よく出来たロードムービーの脚本のようですらあると言える。

「そんなのは全然知りませんでしたから、意識してそうなるように作ったわけでもありません。」

池田氏はそういった。それはもちろんそうだろう。だが、偶然にも義三氏の体験物語が神話の法則に沿ったものになっていることが、結果として聴き手の興味を喚起するのに一役買っていると言える。

中立

——とはいえフィクションではないですし、面白おかしければいいというものでもありませんよね？

「もちろんです。ですから次のイズム中立ということが本当に重要なんです。」

イズム（ism）。つまり主義主張である。主義主張に対して中立、ニュートラルであるとはどういうことなのか。

「私どもの活動に対して、学校の先生方が一番心配されるのは何だと思いますか？」

――言葉遣い……とかですか？

「いえいえ。私たちが授業で特定の主義主張を強調することを一番心配されるんですよ。」

なるほど、と私は得心した。要するに子供たちを前に活動家よろしく反戦なり何なりのアジテーションを繰り広げるようなことは困る、ということである。それは子を持つ親としても理解できる心配である。どこの馬の骨ともわからぬ輩《やから》に我が子を思想洗脳などされたくないし、そのような授業を行っていると言われるのも先生方にとっては不本意だろう。

「ですから私たちは、自分たちの考えを一切述べません。」

そう聞いた瞬間、あっ！と私の脳裏をよぎるものがあった。確かに90分の特別授業の間に、それらしき言葉はただの一度も聞いていない。こうあるべきだ・こう考えなければならない、というようないわゆる「べき論」は確かに一切無かった。

「これを徹底するために、私たちは台本を忠実に守っています。」

そういうと池田氏はA４用紙の束を差し出した。それをさっと見やって思わずのけぞりそうになった。何せ冒頭の一文が「こんにちは（おはようございます）。私は、NPO法人原爆先生の池田眞徳と申します。よろしくお願いします。」である。挨拶まで律儀に書いてあるのだ。既に何度か特別授業を観ているのだが、確かに毎回冒頭はこの通りだった。更にその台本を読み進める。途中で椅子から立ち上がるタイミングや、再び座り直すタイミングも書かれている。自然に振舞っているので何とも感じていなかったのだが、その台本を読むと、先日観た授業の光景がありありと浮かんでくる。確かにここに書かれているとおりだ。そして最後まで読み終えたとき、一切の主義主張が記載されていないことが確認できたのである。

「幸いなことに、これまで一度もないんですけど、もし……、もし仮に本当にそういったイズム的なことが混ざってないのかとご心配された場合は、この台本をお見せしようと思ってるんです。この通りに話をします、と。どこにもそういう話は書いてないでしょ？」

確かにそういったものは、台本のどこにも書かれていない。この通りにやると言われたら、あとは台本以外のことを言わないかどうかだけを見ていればいいのだろう。とはいえ、筋書きを先に知ってる映画やドラマがつまらないのと同様に、台本を先に知ってしまうと特別授業の〝あの〟感覚は減じてしまうのも事実に違いない。そしてそれは恐らく勿体《もったい》ないことだとも感じる。

「ですけども、重要なのは台本を守るかどうか、ではないんです。」

――というと？

「私たちの話には、正解は無い、ということなんです。」

体験者の体験談がその人固有のものであるのと同様に、子供たちがそれぞれに自分自身で考えた結果に対して他者が正誤を言うことは不可能である。他人に出来るのは、その考えに対しての賛否の表明のみである。例えば、特別授業を聴いた子供たちから、「原子爆弾は絶対に保有するべきではない」「抑止効果のために原子爆弾を保有すべき」というように相反する考えが出ることは十分に予想できることである。このそれぞれが考えた結果に対して、「正しい」とか「間違い」といった正誤を判定することは誰にもできない。あなたの考えに私は賛成する、私は反対する、といった賛否を言えるだけである。

「賛否はあるが正誤はない。これが私たちの基本なのです。」

――なるほど。そうすると、原爆先生として〝これが正しい〟とは言えないと？

「そういうことです。もちろん私たちの講師や理事などの一人ひとりが個人として色んなことを考えて主義主張を持つ。それ自体を否定しては本末転倒です。しかしＮＰＯ法人として特別授業で語るときには、自分の思いを決して出してはいけない。そう強く言い聞かせています。」
――ですが自分たちの活動の正しさを信じているわけですよね？
「そもそも論として、特別授業は私たちの考えに対して子供たちの賛否を問う場ではありませんから。あくまでも興味を持つきっかけを提供するのが私たちの役割なんです。それを必要として頂けるかどうかであって、仮に私たちが正しくても不要だと思われたらお声がかからなくなっちゃいますよね（笑）。」

イズム中立というのは目的ではなく手段である。そう言外に断言したと感じられる池田氏の言葉であった。なるほど確かに、興味を持ってもらうための三点セットのひとつがイズム中立であったわけだから、当然のことではあると言える。

「子供たちはそれぞれに色んなことを考えます。それを授業の後にどう導いていくかは、あくまでも日々を一緒に過ごしている先生方のお役目だと思いますし、私たちはあくまでも専門知識を持っているアウトソーシング先としてご支援する立場だと思ってます。」

――なるほど。

「それに、イズムを押し出すと、結果として風化を助長するんですよ。」

――それはどういう意味ですか？

池田氏の説明によれば、このようになるのだという。まず語り手側がイズムを押し出す。すると聴き手は押し付けられてるように感じて反発したくなる。反発すると見向きもしなくなる。かくして興味・関心は霧散して放置されてしまい、結果として風化していくことになる。

「内容の是非ではないんです。考えを押し付けられてると感じること自体が、そもそも反発を招きやすいんです。」

興味を持ってもらいたいのだから、無用の反発を招くようなことは極力取り除く。それが結果としてイズム中立ということになり、それ故に聴き手が自由に自分なりに感じることが出来るようになる。だから自分なりの興味・関心を深める余地が生じる。

――最初からそこまで考えてあったんですか？

「まさか！（笑）。先ほど言った通りです。400回以上特別授業を行ってきて、ようやくわかってきたんですよ。」

その池田氏の笑いの奥の、実績に裏打ちされた凄みが垣間見えた瞬間だった。

淡々

――そうすると、基本的には台本を読みさえすれば特別授業は出来る？

「そうだったら良いんですけどね。実際にはその〝読む〟というのが意外と難しいんです。」

単に読むだけでは、子供たちはすぐに飽きてしまいつまらなくなって、そっぽを向いてしまうのだという。

――ということは、読み方や立ち居振る舞いみたいな……？

「はい。事実を淡々と伝えるということが重要なんです。」

そう言われて改めて思い出す。確かに授業のとき、特に義三氏にまつわる話を語っている時の口調は淡々とした印象であったが、それも狙っての事だったのか。

「そうです。全力で淡々と（笑）。」

全力で淡々と、とは何とも奇妙な表現である。思わず笑った私に、池田氏が質問してきた。

「授業の冒頭で、筆記用具を全て椅子の下に置かせてるのに気付きましたか？」

唐突に話が筆記用具のことになり、思わず戸惑う。特別授業では子供たちに資料や筆記具のすべてを椅子の下に置かせ、手には何も持たない、ひざの上にも何も置かないことを毎回行っていた。それは徹底されていて、とにかく手には何も持たせないことを重要視しているようだった。

——はい。あれ、不思議だったので後で是非その話を伺おうと思ってたんです。

「あれは、義三の物語に子供たちを引き込むためなんです。」

そもそも子供というのは飽きっぽいし、興味が移ろいやすい。特別授業では、そんな子供たちを相手にいきなり初対面で物語に引きこまなければならないのである。

「子供たちに話を理解させようとするよりも、まずそもそも話に引き入れることが重要なんです。つまり話を聞くという状態に興味を持たせないといけないんですね。ですから、そのためには子供たちが気を逸《そ》らすような要因をすべて事前に取り払っておくことが重要なんです。」

——ああ、映画が始まる前の「携帯電話の電源はオフにしてください」と同じなんですね。

私がそういうと、池田氏はその通りという笑みを浮かべて言葉を続けた。

「多くの先生方から、このようなご感想を頂くんですよ。『原爆先生は淡々と話をされるから、物凄い臨場感があって、聴いている私たちがその場にいるような気持になってしまいます。淡々とした話し方が、かえって恐ろしく感じさせてくれます』と。」

しかし「淡々」とは、実は聴き手の感覚であって、話し手が本当に淡々と話せば、それは「単調」でしかなくなってしまうのだという。そして単調では聴き手が飽きてしまって、すぐに聴く気を失ってしまう。そこで、リズム・抑揚・間・強弱・テンポの転換……、これらのすべてに注意を払って、これらをうまく組み合わせて話すようにしているのだという。つまり、話し手は様々な変化を付けて話しているわけだが、これらがうまく噛み合うことで聴き手には淡々と話しているような感覚を与えているということになる。

ではどうしてそこまで工夫して「淡々と」しないといけないのだろうか。もっと大仰に強弱を付けてもいいのではなかろうか。

「それは私たちが代弁者に過ぎないからです。」

——体験者本人では無いから、と？

「そうです。あくまでも私たちは、客観的な立場で物語を伝えるという形です。それなのに主人公に自分がなりきってオーバーアクションをしたりしたら、聴いてる側はどう感じるでしょうか？」

——本人でも無いのに、とか、芝居がかってる、とか思って冷めちゃいますね。

「その通りです。もちろん単調ではダメです。でも私たちはいわば聴き手の目の代わりなんです。実際の様子を伝達する通信機のようなものです。それなのに通信機が自分に酔っていては、聴き手の側は自分でイメージするための情報が偏ってしまいます。」

だから身振り手振りも絶対に禁止なのだという。痛い・辛い・悲しい・恐ろしい……、というような感情表現であったり、原爆は駄目だ・平和であってほしい、というような話し手の思いが感じられるようでは、それらは聴き手にとって押し付けられているると感じることにつながってしまう。

「不思議なもので、聴き手に伝えたいと思うほど、こちらが熱っぽくなっていって、それに反比例する形で聴き手が冷めていくんです。」

●感情を込めて話す
●自身の思いを熱っぽく語る
●身振り手振りを交えて話す

これはまったくの逆効果であり、また、ドーン、ドヒャーン、ビューンというような効果音の連発も好ましくないのだという。これらが増えるほど、どんどんと聴き手が引いていくのだそうだ。

「ですから、伝えようとするのではなく、結果として伝わるために必要な情報を提供するということなんです。」

ここまで説明されて、ようやく「事実を淡々と」という意味が飲み込めた気がした。

単に淡々と語るというだけでなく、感情表現などを排して「こんな状況でした」「義三はこういう様子を見ました」「義三はこう感じました」と客観的に伝えるということを「事実を」と言ってるのだろう。

――つまり台本という事実に対して、読み手が余計な解釈をつけない、と。

「そうですね。ただ、〝事実〟というのはもうひとつの意味合いもあります。」

――というと？

「作り話ではないということです。」

特別授業の台本は、小説『ヒロシマの九日間』からの抜粋となっている。そしてその『ヒロシマの九日間』は義三氏の手記に基いていることが肝である。つまり、義三氏の記憶という事実を出来るだけ忠実に客観的に伝達しているというのが大切なのだ。もちろん小学校での授業用にアレンジしている箇所もある。元々の小説『ヒロシマの九日間』を読むと、例えば原爆に直面した後に義三は一度江田島に戻り、そこから再び広島市内に向けて出発している。しかしそれを忠実に説明していると90分に収まらないので、宇品海岸まで戻ってすぐに広島市内に向けて出発したという風に授業では語っている。なので厳密な意味においては事実では無いと言えるのかもしれない。しかしそれらは子供たちの聴き易さを実現するための編集として十分に認められる範疇だろう。少なくとも私はそう思う。

「作り話ではない、というのは中盤のいわゆるウンチクでも同じです。」

義三氏のアドバイスに基づき、池田氏は特別授業の中盤で原子爆弾にまつわる様々な知識についての説明を行っている。これが一般的な体験談との差異でもあるという。これらのことを池田氏は「ウンチク（薀蓄）」と呼んでいる。このウンチクにおいても、あくまでも事実のみを伝えて主観は決して交えないで説明している。

例えば、一般的な印象として広島に投下された原子爆弾リトルボーイはパラシュートにぶら下がってフワフワと空から落ちてきたというイメージがある。しかし実際にはパラシュートなどはついておらず、時速約３００㎞ほどの速度で飛行しているB‐29爆撃機エノラ・ゲイから投下されたリトルボーイは、そのまま慣性に従って放物線を描きながら約4キロメートル先の目標地点へと落下していったのである。

「保護者の方でも、原爆が火薬の力であれだけの破壊力を生み出したと思ってる人もいるんですよ。」

そう池田氏が言ったとき、正直いって私は唖然とした。だが、放射線をまるで毒かのように捉える向きもあるのだから、そういう勘違いもあるのだろう。

「こういったことについても、事実を淡々と列挙することが大切なのです。」

決してエキセントリックにせず、淡々と個々の事実を列挙することで、逆に子供たちの〃なるほど〃という好奇心に響くようになるのだ。そしてそれらウンチクの繋がりもまた、単なる羅列ではなく物語的な構成になるようにそれぞれの内容を配置し、子供たちに興味を持たせることに努めているという。

――しかし、あの内容は子供たちには難しくないですか？　正直言って大人でも思わず感心するような内容だと思うんですが。

「はい。そこは敢《あ》えて〃斜め上〃を狙っています。」

特別授業でのウンチクは小学六年生にとって易しいものではない。むしろ、かなり難しいウンチクを意図的に次から次に出している。しかも子供たちの理解度に合わせようとはせずに、置いてきぼりになりかねないくらいの勢いで機関銃のように次から次へと投げ続けていく。

「しかしそのウンチクは子供たちが全くお手上げのレベルではなく、がんばって手を伸ばせば何となくわかる程度のもの、つまり真上ではなく斜め上のものです。」

子供たちが着いてこれないかもしれない。そう思っても気にしないのだという。難しいウンチクを次から次に子供たちに投げかける中で、子供たちはそのすべてを理解できなくても、何かひとつでも心で何かを感じるものに出会うと一気に引き込まれるのだ。それこそが興味であり、もし、たったひとつでもわかったような気になれば、そこに喜びが生まれ、この喜びがさらに大きな興味を生み出す原動力になっていくことを期待しているのだという。

「そもそも、全員にすべて理解させるのは無理なんですから（笑）。」

こんな手法をとっていても、特別授業を聴いた子供たちから、「わかり易かった」「とてもよくわかった」「楽しかった」「面白かった」という感想がたくさん出るのだから、興味を抱かせるという狙いはかなり成功しているのだろう。

「こうやって知ったものが嘘っぱちの作り物だったら、後でがっかりしますよね。」

――確かに。なまじ好奇心を刺激されただけに反動で騙されたと感じちゃいますね。なるほど、だから〝事実〟ですか。

事実を淡々と伝えるという一言の奥にある膨大な狙いと思いの深さに、改めて感じ入るのであった。

強敵

――子供たちに興味を抱かせる。そのために、物語という形でイズム中立を心がけながら事実を淡々と伝える。なるほど、と感じたわけですけど、それでも子供たち相手ということで色々とあるかと思うんですが……。

「それはもう、色々とありますよ。」

授業の冒頭で筆記用具を椅子の下に置かせて本編に入る頃には、ほとんどの子供たちは身動きすることなく、その目には興味の兆しが現われている。

「しかし、ごくごく僅《わず》かではあるんですが、隣に座る子供に話しかけたり、前の子供にちょっかいを出したりする、いわゆる元気な子供（笑）がいたりします。」

これは企業における一般的な研修でもありがちなケースである。講師にとっては、やり辛いためにとても気になる存在である。

「だからつい、『静かにしてくれ！』と言いたくなるんですけどね。でも、講師がこれを言ったり子供に注意したり、あるいは声に出さないけど睨《にら》んだりとか、そういう行為をとってしまうと、実は最も動揺するのは子供でなく講師自身なんです。するともう、それ以降の話がズタズタになり授業が壊れてしまうんです。」

子供が他とは異なる行動をする原因は様々だろう。「授業がわからない」「先天的な性格によるもの」「自分は皆と一緒ではない、とした自己主張」などなど、他にも色々と考えられる。それらには、それぞれに原因があるわけで、その原因のすべてに対応することは現実的に不可能だし、そのような子供に授業を合わせたら、他の子供にとっては全くつまらない授業になってしまうだろう。

「とある校長先生から教えて頂いたんですけどね。」

それは、話を聴こうとしない子供に意識を向けるよりも、しっかり話を聴こうとする子供をもっともっと話に惹きこむことが大切だというのである。話を聴く子供たちの集中力が増せば教室全体の緊張感が高まり、話を聴かない子供はそのムードに圧倒され、ムードに包みこまれ、自然に話を聴くようになる。校長先生の言葉はこのようなことを示唆していたのだ。

「この話を伺ってから、話を聴こうとしない子供に意識を向けるのではなく、聴こうとしてくれている子供に意識を向けるよう心がけています。」

その成果もあって、現在では殆ど授業を損ねるような子に煩わされることは無くなった。

「大人げないんですけどね、ちょっとざわついていても『今に見ろ、10分後には黙らせてやる!』って思ったりしながらやってますね（笑）。」

力で押さえつけるのではなく、興味を抱かせることで惹き付ける。意外と問題解決の極意なのかもしれない。

――騒がしい子がいなければ、スムースに行く？

「いえ、思わぬ強敵がいるんですよ。」

――強敵、ですか？

「あくびです（笑）。」

物語の前半早々において、主人公の義三たちがドラム缶にもたれてトラックを待っていたとき、突然、原子爆弾に遭遇するシーンがある。これは非常に緊迫する場面である。ほとんどの子供たちは、これから何が起こるのか？と固唾《かたず》を呑んで聴き入っている。しかしそんなとき、一番前の席に座っていた子供が原爆先生の目の前で原爆先生に見せ付けるように「フワーッ」と大きなあくびをすることがあるのだという。

「その子供はそれから先、何度も何度もあくびを繰り返すんです（笑）。」

当初はそのような状況に直面すると、まるで特別授業をあざ笑っているかのように感じられて落ち着かなかったのだという。実際には、極度の緊張感に襲われると人間はあくびが出ることもあるらしいので、その子はむしろ物凄く集中しているのかもしれない、とも言えるのであるが……。

「その子のあくびが気になって、こちらが授業に集中できなくなっちゃうんですよ。」

あくび自体は生理的なものだから、子供に配慮を求めてもまったく無駄なことである。「あくびをしないでね」などと言っても無理なものは無理だし、講師の無力さをさらけ出しているようなものでもある。

そこで池田氏は、子供のあくびに対して様々な策を講じてきたという。まず取り組んだのが、気にしない、ということだそうだ。しかし、人間は気にしないという意識を持てば益々気になる動物で、気にしないという気持ちがかえって動揺を生み出してしまう。色々と試行錯誤した結果、結局 その子を見ないということに落ち着いたのだ。あくびが出そうな子供がいれば、その子供から視線を逸らすようにしてるのだという。

「そうこうしてるうちに、どうしようもないときの究極の策を見つけたんですよ。」

――それは？

「下を向くんです（笑）。」

その池田氏の言葉に、思わずふたりで爆笑したのだった。

準備

「実は、授業の開催に際してもうひとつ重要なことがあるんです。」

笑いを収めた池田氏は、表情を引き締めて語り続けた。

――それは？

「授業を行う会場のことなんです。」

――普通に教室で行うんですよね？

「いえいえ、そうとは限らないです。六年生全員が一度に聴く場合、ひとつの教室だと入りきらないので、視聴覚室とか体育館とか図書室とか……、色々なケースがあるんです」

――なるほど。

「そこで、必ず〝子供たちの椅子は必須〟にしてもらってるんです。」

――？

「意外と体育座りで聴かせようとする学校が多いんです。」

――ああ！　体育座りですか。懐かしいです。

「でも体育座りは厳禁だと、お願いしています。」

うちの子供たちは体育座りに慣れているから90分くらいは平気です。先生方はこんなことをよく言うのだそうだ。特別授業を始めた頃は、池田氏もこう言われると素直に受け入れていたらしい。しかし回数を重ねるに連れ、明らかに子供たちの集中度が異なることがわかった。そこで子供たちの椅子については事前の案内で再三にわたり「体育座り厳禁」を通知することで、最近ではほとんどの学校が椅子を準備してくれるようになった。

「おしりが痛くなってきたりして、もぞもぞと誰かが動き出すともうダメなんですよ。」

十分に想像できる話である。

「次に空調の問題があるんです」

子供たちの人数が多い場合、やむをえず体育館を使用する場合がある。春や秋は体育館でも支障なく特別授業ができるが、猛暑期や厳冬期で空調がない体育館での特別授業は深刻な状況になるのだという。

子供たちに厚着をさせますから大丈夫です、という言葉に従って厳冬期に授業を行ったことが度々あったそうだが、

「子供たちが寒さに震えている姿を前から見ますと、とても心が痛むんです。話の内容がこういうものですから寒さを忘れるくらい発散しようなどという状態には到底なれない。講師の私自身も足の指先が冷えきって、口までもが寒くて上手く話せなくなるんです。そして何よりも、子供たちの集中が寒さによって阻害されてしまうんです。」

このようなこともあり、猛暑期や厳冬期で空調がない会場での実施は敢えてお断りしているのだという。

「もうひとつは、マイクとスピーカーなんです。」

特別授業に際しては、マイクとスピーカーを必須で準備してもらうのだという。単学級（学年で1クラスしかない）の学校の場合には、教室で特別授業を行うケースが多いのだそうだが、たとえどんなに狭い会場であってもマイクとスピーカーは必需品なのだという。

「普通の声で充分聴こえますよ、と言われるんですが、そうすると声を張り上げることになってしまって淡々とはならないんですよ。」

なるほど。話し方について色々と工夫をしているのだから、それをちゃんと伝えられるような環境がないと効果が激減してしまうのも道理である。

「どんなに狭い会場でも、たとえ仮に子供の数が一人であっても、必ずマイクとスピーカーを準備していただいてます。」

――お話を聴いてると、授業というよりも一種の演劇のようなイメージですね。

「そうですね。少なくとも一般的な講演会とは全く異なります。」

講演会とは違う、という点では、当日の授業開始までの準備も講師がチェックを行うのだという。一般の講演会では、講師は講演が始まるまで別室等で待機し、司会者から誘導されて会場に登場するのが通例だ。しかし特別授業は講演会とは異なり、講師は開始20分前に会場へ行き、子供たちが来る前から会場で準備を自分自身で行うのだという。

●パソコンのチェック……学校側で用意されたパソコンが正常に稼動するかどうか？　特に特別授業で使用するパワーポイントについてはバージョンのチェックが重要となる

●プロジェクター（大型テレビ）……パソコンとプロジェクターの接続、プロジェクターの明るさ（パワーポイントの地図が写るか）

●マイク・スピーカー……音量のチェック、ハレーションの状態

●パソコンとスピーカーの接続……ビデオの音がスピーカーに出るか？

●パワーポイントリモコン……リモコンをパソコンにセットし遠隔操作できるか？

●講師の机の位置……できるだけ前方中央で子供たちとの間隔を開けない

●子供たちの椅子……体育座りは厳禁。会場にある椅子か、または教室から子供たちの椅子を運んでくるかの確認を先生と行う

●子供たちの資料……資料は、学校側が原爆先生のホームページからダウンロードし、子供たち全員に事前に配布して頂く。この確認を先生と行う

これらのチェック事項を講師が自分でチェックするのだという。加えて、喉を潤す

水の用意も当然ながら自分でしておくのだそうだ。また、パソコンは講師が持参するのが最も安心なのだが、もし持参したパソコンが故障した時その代替機がすぐに必要となること、プロジェクターとの相性があることなどから、学校が用意するパソコンを使用しているという。とはいえパソコン関連のトラブルは意外と多いともいう。

「先々はもう少し上手い方法を実現して、現地についたら確実にすぐ授業開始できるようにしたいですね。」

そう池田氏は語るのだった。

反応

僅か90分の授業のためにここまで色々な仕込みをしてるのだから、それに対する子供たちの反応に色々なものがあるのも当然と言えるだろう。

――NPO法人のホームページには、これまでの授業を受けた子供たちの感想が掲載されていますけど、印象深かった出来事って何かありますか？

「そうですね、本当に色々とあるんですけど……。」

そう言いながら池田氏は、いくつかのエピソードを紹介してくれた。

＊　＊　＊

2014年の秋、特別授業を終えた池田氏が、会場から校長先生と二人で並んで廊下を歩いていたとき、特別授業を受けたばかりの六年生男子がひとり、池田氏と校長先生の前までできて「ありがとうございました」とペコリと頭を下げ、足早に去っていった。池田氏にとっては特別な出来事ではなかったので、それほど気に留めなかったそうだ。そのあと校長室に入ってソファに腰をおろしたとき、校長先生が目に涙を浮かべて話出した。

「先ほど廊下で、ありがとう、と言った子供がいたでしょう。あの子は六年生で最も手を焼いている子供なんです。あの子が、ありがとう、と言う姿を初めて目にしました。それも、わざわざ追いかけてきて頭を下げるなんて……。今、私は本当に感動しています。」

校長先生はハンカチで涙を拭きながらそう語ったのだ。

＊＊＊

土曜の学校公開日、3・4校時で行った特別授業の出来事のこと。その日は5分ほど開始が遅くなった分だけ終了が遅くなり、4校時終了のチャイムが流れた頃にやっとエンディングを迎えた。その時、ちょうどエンディングをさえぎるように副校長による校内放送が流れた。内容は単なる下校の注意事項だった。池田氏はやむなくエンディングを続け、特にこれといった支障がなく特別授業を終了した。

その後、子供たちと別れて校長室で池田氏が校長と雑談をしていたとき、副校長が突然入ってこられ、恐縮して池田氏にお詫びを伝えるとともに、次のように説明した。

「たった今、六年生の数名が職員室に駆け込んできました。私が先ほど行った校内放送を咎《とが》めにきたのです。何であんな放送をしたのかと……。最後の一番大事なところが壊されてしまったと、こっぴどく叱られました。普段では、他人の話に聴き入るような子供たちではないのに、本当に驚きました。」

＊　＊　＊

これは特別授業が終わった数週間後に担任の先生から聴いた話だという。特別授業を受けた六年生の児童が、家に帰って夕食時に四年生の弟を含めた家族に、特別授業のことを熱っぽく話をしたそうだ。あくる日、その弟が先生のところに来て、「今すぐ四年生にも特別授業をやってくれ」と、四年生の弟が泣きながら頼んだ、というのである。

＊　＊　＊

――何というか……、熱っぽいですね。

「もちろん、良い話ばかりじゃないんですよ。」

そう前置きして、池田氏は４００回も特別授業をして唯一の体験というものを語り始めた。

＊＊＊

その日は、特別授業が始まる前に校長先生から

「今年の六年生はちょっと大変なんです。ご迷惑をおかけするかも知れませんが……。」

という言葉をかけられた。池田氏は、よく聴く言葉なのであまり気に留めずにいつも通り特別授業に臨んだそうだ。しかし授業が始まる前から子供たちがどうも落ちつかない。授業が開始しても雰囲気が一向に変化する兆しがない。どうもそれは２クラスあるうちの１クラスで起こっているようで、他の１クラスの子供たちは比較的集中して話を聴いているようだった。

そのうち、ざわつくクラスの中から大柄な男子が立ち上がり、担任の先生の横まで歩いて行った。ちなみに、この担任の先生は男性である。そして先生の横で得体の知れない踊りを始めたのだそうだ。そのクラスの他の子供たちは踊る男子を見てニヤニ

ヤ笑い、一方で担任の先生は真横で踊る男子をまったく無視するように黙っていた。

そんな状態であるのにもう一方のクラスの子供たちはまったく動ぜず、何事もないかのように静かに原爆先生の話を聴いていた。そして、そのクラスの女性の担任先生は、踊る男子と平気な顔の先生を厳しい形相で睨んでいた。

池田氏はただ唖然として、話を続けるだけで精一杯の状況だったという。

＊＊＊

「……まぁ、確率0・15%の本当にレアケースですけどね。そういうこともあるということです。」


とはいえ、ほとんどの学校で好評を得てるのは間違いない。それは数字が如実に表している。2008年からの授業開催学校数はこのようになっている（左ページのグラフ参照）。

見事に右肩上がりである。毎年着実に依頼校が増えているのがわかる。

――これ、ほとんど毎日ってことになりませんか？

「その通りです。どうしても歴史の授業との兼ね合いで授業を希望される日が2学期以降になりやすいんです。」

なるほど。確かに歴史の授業で、原爆の話が出てくる近代史をいきなり先にやるというわけにはいかないのだから、時期的にそうなってしまうのも仕方ないことだろう。

「ですから1学期は比較的空いてるんですけど、2学期以降はほぼずっと毎日のペースになります。」

――ひょっとして土曜日も？

「もちろんです。むしろ公開授業など

▼特別授業の年度別実施学校数

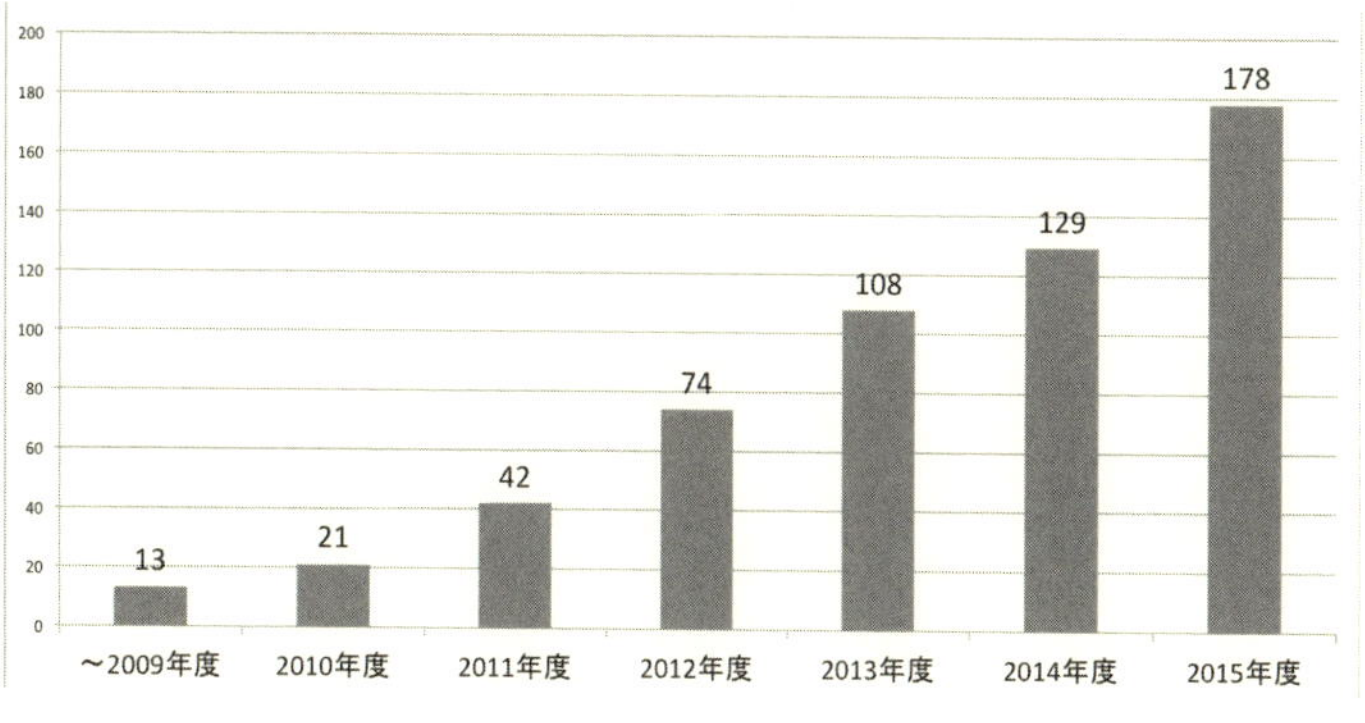

と重ねるケースもあって土曜日の授業は本当に多いんです。」

――これって、東京都内の小学校のみですよね？

「そうです。今のところは。」

そんなやり取りを交わしながら改めて表を見直す。これは実は凄い数字ではないのか。講演を生業としている人であっても、これだけの数をこなしている人がいったいどれくらいいるだろうか。

ふと思い立って、私は池田氏に尋ねた。

――そもそもどうしてこんなに申込があるんですか？

「それはやっぱり、口コミだと思うんですよ。」

池田氏が言うには、一度行った学校で好評を得られると、翌年にかなりの確率でリピートオーダーを頂けるのだという。

「今のところは大体7割くらいの感じですね。」

つまり、前年度の担当の先生から翌年度の担当の先生への口コミというのが大きい。

「それと、学校間の横のつながりも結構あるようなんです。」

池田氏は続けた。ひとつの学校でリピートオーダーを頂けるようになると、その近隣の小学校からの申込も増える傾向があるらしい。

「面白いケースだと、ある学校で特別授業をしたときに聴いた子の親御さんが、別の学校の先生だったと。それで我が子の反応を見て自分の学校の先生に、原爆先生というのがあるらしいという話をされた結果、お申込み頂くことになったというのもあるんです。」

思わぬところで人の縁というのはつながっているものである。我が身を振り返って思わず身震いをしてしまう。クワバラクワバラである。

とはいえ、口コミだけでこんなに綺麗に右肩上がりになるものだろうか？

──口コミ以外に何かやったりしてないんですか？

「え？　そりゃダイレクトメールを送ったりとか、そういう当たり前のことはやってますよ。」

ダイレクトメール！　そういえばそもそもの練習のために小学校4校での授業の機会を獲得したのもダイレクトメールを送付したと言っていたではないか。

──DM、送ってるんですか？

「はい、毎年、新年度の最初に都内の小学校に向けて発送してます。」

池田氏は、何をそんな当然のことを、という風情で語る。

──あ……、なるほど。反応率とかってザックリどんなもんなんでしょう？

「あ、それはこれを見ればわかります。」

そう言ってノートパソコンを開いた池田氏は、表計算ソフトで管理している数字を私に見せた。それを見て私は唖然とした。日別の申込み数は言うにおよばず、前年同月同日比や、町区別などの様々な切り口での集計・分析がされた数値が並んでいる。

——……これってＣＲＭじゃないですか。

唖然としたまま私は言葉をつないだ。ＣＲＭ（カスタマー・リレーションシップ・マネジメント）。顧客関係管理。企業において非常に重要だが、手間がかかるために大企業でもなかなかきちんと遂行できない仕組みである。

「そりゃ一応、元経営者ですから。」

——いやでも、こういうことがなかなか出来なくて、色んな企業が苦労してるわけで……。

「私のように何も無い人間にとっては、数字だけが頼りです。数字は事実ですから。」

さらっと当たり前のように言ってるが、経営コンサルティングなどをしてきた身としては、久々に凄いものを見たという感覚である。企業でも高額の予算を投じていながらなかなかちゃんとやれてない、ましてやボランティア団体などになるとそもそもそういう観点に欠けていたりする。それをたった一人で丁寧に実直に、コツコツとやり続けている。積み重ねている。

――納得しました。なるべくしてなった結果ですね。

シャッポを脱ぐとはこういう気持ちであろうか。原爆云々ではなく、目標達成に対して必要なことを丁寧にやっているということが、本当に凄いと感じられた瞬間だった。言い換えると「この人は面白い！」ということになろうか。

道標

何故、特別授業が面白いと感じたのか。どうして多くの小学校が原爆先生を呼んで授業を開催するのか。そのカラクリとでも言うのか、裏側の様々な工夫や思いを知るにつけ、なるほどという思いが強くなる。一方で、比例して強まる気持ちがあった。

——そもそも、どうしてこの活動を続けてるんですか？

「う〜ん、そう言われてもなぁ。成り行きとしか言い様がないですね。」

——でも、今後も続けていこうと思われてるんですよね？

「それは、もちろんです。」

——何故、続けようと思われるんですかね？　使命感とか責任感とか……。

「そういうのは無いんですよ。無責任な言い方かもしれませんけど。正直なところ、広島にそこまで義理があるわけでもないですし。」

世界平和のため、反戦のため、核撲滅のため、あるいは子供たちの教育のため……、そういった思いや目的などは一切なかった、と池田氏は語る。そんな気持ちを持っていたならば、たぶん早々に挫折していただろうと。その姿勢は今も変わらないのだという。

――では何故？

「……多分、面白いから、なんでしょうね。」

――面白い？

「ちゃんと語るためには色々と調べます。そうすると、興味や好奇心が湧いてきてもっと知りたいと思う。色々と知ると、それを伝えたいと思うんです。そうすると授業の内容を工夫しだす。工夫したらその分だけ子供たちの反応が変わるんです。それが良い反応だと嬉しいし、いまひとつだったらもっと良くしてやろうと頑張る気持ちが湧いてくる。そういうのを繰り返していくこと自体が本当にワクワクするし面白いんですよ。」

そう言いながら池田氏は、時間の都合で割愛しているという様々なウンチクのネタについて、それはもうお腹いっぱいになるほど披露してくれたのであった。

●リトルボーイの安全装置について

●フェイルセーフのこと
●原子爆弾開発史とマンハッタン計画
●核分裂のこと
●当時の日本における原爆開発
●リトルボーイ（ガン式原爆）の構造
●ファットマン（爆縮式原爆）の構造
●核融合と鉄腕アトムやガンダム
●プルトニウムのこと
●広島や長崎の放射能はどこに消えたかについて
●水爆のこと
●ヘリウム３のこと

これらをかいつまんで説明してくれたあと、いかにも語り足りなさそうに「他にもまだまだあるんですよ」と池田氏は、まさにワクワクした表情で言った。なるほど、確かにどれも興味深い話である。子供たちにこれらをちゃんと伝えると、数十年後に思いもよらぬ叡智を導き出すきっかけになるかもしれない。もちろんその伝え方には、これまで聞いてきたような工夫が必要になるだろうとは思うのだが。

――なるほど。面白いから続けていくというのはわかりました。そうすると、今後も現状のまま継続していくと？

「いえ、そこは色々と考えてることがありまして、実は講師を養成して増やしたいんです。」

講師を増やすというのは現実的に切羽詰まった問題でもあるのだという。ほぼ毎日のように特別授業を行っている現状では「風邪をひくことも出来ない」ということになる。これ以上の申込に応えようとするなら、物理的に講師の数が必要になるということなのだ。せっかく必要としてくれているのだから、それに応えていきたいと思うのはここまで頑張ってきた当人にとっては必然だろう。とはいえ身体はひとつしかない。その問題をクリアするには、自分と同じように授業を行える講師が他にも必要になる。

「講師が増えたら、小学校だけではなくて中学や高校にも特別授業を提供したいんです。」

池田氏はそう語る。

――中学や高校にもですか？

「はい。特に修学旅行で広島に行く学校には、行く前に事前授業として是非話を聴いてもらえればと思ってるんです。」

そうすることで、できれば広島に修学旅行に行く学校を増やしたいのだという。

――広島に修学旅行で行く学校を増やして、どうするんですか？

「〝よしぞうロード〟を歩いて欲しいんですよ。」

――〝よしぞうロード〟？

〝よしぞうロード〟とは何か？　きっと義三氏にまつわる道なのだろう。そして、それからしばらくの後、私は池田氏と共に広島に向かうことになったのである。

構想

その日、私は池田氏と共に広島に向かう新幹線の車中にいた。〝よしぞうロード〟を歩くためである。車中で私は、池田氏からもらった〝よしぞうロード〟の地図を眺めていた。

原爆先生の特別授業で語られるのは、義三という18歳の少年兵が主人公の物語である。その物語において義三は、広島県の瀬戸内海にある江田島から現在の宇品西二丁目あたりに上陸。そして原爆に遭遇し、一度は広島市内に向かうも断念し、宇品海岸まで戻る。そこで再び軍令を受けた義三は爆心地に向かって、宇品三丁目〜御幸橋〜千田町〜紙屋町・八丁堀〜元安川と進みながら数々の惨状と向き合い、そして様々な試練を乗り越えていく。やがて任務を完了した義三は来た道を帰って行く。

「この道程を〝よしぞうロード〟として、多くの人に歩いて欲しいと思ってるんです。」

よしぞうロードマップ
⑦広電本社
陸軍船舶司令部（暁部隊）は、原爆が投下された当日からこの建物を臨時司令部とし復興の拠点とした。義三は６日夜、この指揮所で武田大佐と初めて出会い宮本少尉とともに指示を受ける思い出深い場所である
⑧千田町
この地は一面が火災現場であった。義三たちは６日夜、この地で消火作業にあたる。
⑨袋町
ほとんど原型を無くした路面電車があった。義三が車両の中を見ると白骨だけが残って
た。車両の周りには、内臓までも焼け焦げて
さく縮んだ炭の塊だけの人間があった。
⑥御幸橋（みゆきばし）
京橋川に架けられた大きな橋。義三たちはこの橋を渡る。ここから情景が一変する。橋から広島市内を見れば、広島の街は真っ赤に燃え盛っていた。
⑩紙屋町
爆心から300mほどの繁華街。路面電車が
する大きな交差点になっている。60 年後に
れた義三は、しばし瞑想に耽って交差点脇に
んでいた。
3 km
2 km
1 km
500m
原爆ドーム
原爆資料館
紙屋町
八丁堀
流川（防火用水）
三川（ビル跡）
元安川
千田町（火災）
広電本社
御幸橋手前
御幸橋
皆実町
宇品西二丁目
宇品三丁目
⑤宇品三丁目
爆心地に向け徒歩で北上していた義三は、この地で路面電車が停車しているのを不審に思い車両の中を確認した。車両には大勢の被爆者が救援を待っていた。
⑪八丁堀
義三たちの最終目的地点。ここには爆心地を
索するための指揮所が、廃墟となったデパー
に設置されていた。
④宇品桟橋（宇品港）
いったん江田島に戻った義三は、その日の夕刻、部下を引き連れて再び宇品桟橋に上陸し、徒歩で爆心地に向かう。この宇品港は、原爆投下後から負傷者の救援所になっていた。

（現在の宇品港）

宇品桟橋
⑫流川（防火用水）ながれかわ
義三たちは瓦礫の原を捜索した。瓦礫に埋もれた防火用水の桶の中には、目を疑う恐ろしいものが沈んでいた。
8月6日午前
8月6日午後
金輪島
⑬三川（ビル跡）みかわ
義三たちは殆ど外観だけを残したビルを捜索し
た。このビルの真っ暗な地下室で思わぬものを
発見した。また、このビルで老婆と心温まるエ
ピソードが展開する。
③皆実町（みなみまち）
原爆が爆発した後、義三たちはすぐに広島城にある物資倉庫にトラックで向かうが、被爆者の群れに遭遇し前進できなくなる。やむなくこの地でUターンして宇品桟橋に向かう。現在この地には、ミュンヘンオリンピックのバレーボールで金メダルを取得した猫田選手の活躍を記念した「猫田記念体育館」がある。

現在のフェリー航路
⑭元安川
広い河川は真っ赤になった死体で埋め尽くされていた。義三たちは死体の一体一体を担いで集積場に運び、重油をかけて焼却した。被爆地で最も傷ましい惨状がこの河川にあった。
似島
峠島
上陸用舟艇の軌跡
②宇品西二丁目（寺跡）
義三が物資調達の命令を受け、江田島から上陸用舟艇でこの地へ上陸。寺跡でトラックを待っている時に原子爆弾に遭遇した。
陸軍幸ノ浦基地跡
切串港
⑮御幸橋手前
九日後、江田島に帰還することになった義三たちは、御幸橋の手前で男の子に呼び止められる。焼け跡のなかで 17・8 歳くらいの女性が足の
痛みをこらえていた。
①陸軍幸ノ浦基地跡
陸軍船舶特別幹部候補生の訓練施設があった船舶司令部第十教育隊幸ノ浦基地の跡地。義三はこの地で、マルレという木製の一人乗り特攻艇の厳しい訓練に励んでいた。
江田島
Ⓐ海軍兵学校跡
世界三大兵学校の中のひとつである日本海軍の兵学校。秋山真之や山本五十六などの名将が育った学校でもある。建物や遺品などが当時のままで残っている。現在は海上自衛隊の幹部候補生学校となっており自由に見学ができる。
海軍兵学校跡
NPO法人 原爆先生　http://www.hiroshima9.com　このロードマップは左のホームページから自由に印刷できます
2014.06.10

池田氏はそう語る。物語の舞台になった場所を訪れるというのは、昨今よくあることだ。少し前にはドラマ「冬のソナタ」のロケ地に大勢の人が訪れたし、最近ではアニメとタイアップして地域おこしにつなげる動きなどもある。大河ドラマの舞台となった地域は毎年それをＰＲに使うのが通例だ。

――いわゆる、最近で言う〝聖地巡礼〟という感じですね。でも、どうしてそんなことをしたいんですか？

父である義三氏の名誉なりに対する欲ですか？　我ながら下劣だなといささか躊躇いつつも、私はそう質問した。

「いや、そういうんじゃないんですよ。どう言えばいいのかなぁ。」

困ったような表情を見せながら池田氏が話を続ける。小説『ヒロシマの九日間』を出版してしばらくの後、池田氏は義三氏と共に広島を訪問し、小説の道筋をふたりで辿ったのだそうだ。

「そのとき、何とも言えない感覚になったんです。あの感覚を大勢の人に感じてもらえたら……、と、そう思ってるんです。」

何とも言えない感覚、と言われても難しいなぁ。聞いている私の方も戸惑ってしまったのであるが、ふと疑問が湧き、池田氏に尋ねた。

――その感覚については、正直何とも言い難いんですけど（笑）、それはさておいて、何で〝よしぞうロード〟と修学旅行がつながるんですか？

「実は、とある中学校での体験が元になってるんです。」

あるとき、とある中学校から広島へ修学旅行に行く前に、事前の予習として特別授業をしてもらえないかという依頼があった。池田氏は快諾し、中学校なので授業時間が小学校よりも少し長い分だけウンチクを増やして赴いた。

――修学旅行生ということは中学三年生？

「そうです。1学期の早々のことでしたから、こちらも余裕のある時期ですので気合を入れていったんです。」

その結果は、ある意味いつも通りだった。むしろ授業が終わってからの担当の先生方との話と、更にその後に修学旅行から帰ってきてからの後日談が、池田氏に強烈な印象を与えた。

授業が終わってから、担任の先生方に池田氏は色々と質問をしたのだそうだ。

「ずっと修学旅行は広島に行ってる学校かと思ったらそうじゃなかったんです。ここ数年のことらしいんです。」

その中学校は、以前は全然違うところが修学旅行の行き先であったらしい。しかし、遊びのための旅行のようになってしまっていることへの懸念が生じていた。そんな折、世間でいじめや体罰にまつわる痛ましい事件が連続して発生するのを見て、これは他人ごとでは無い、という危機感を持ったのだという。そこで根本的な学校の方針から見直して、〃命を大切にする〃ということをしっかり考えるような取り組みをしていこういうことになり、その一環で修学旅行の行き先も広島に変更したのだという。

――ということは、平和とか戦争とか原子力とかそういうことではなくて……、

「はい、あくまでも、命の大切さを考えるために、ということを仰ったんです。」

ところが実際に広島に修学旅行で行ってみると、時間を持て余すような事態になってしまった。広島平和記念資料館などを見学しても、さ〜っと見るだけでさっさと出てきてしまい、予定の集合時間の遥か以前に全員が揃って暇を持て余すというような状態になってしまった。

「そこで、今度は修学旅行に行く前に、事前に知識を持たせたいということだったんです。」

なるほど。私自身も中学時代の修学旅行は広島だったが、資料館に入ってもさっさと出てきたように思う。いや、何を見てどう過ごしたのか全くといっていいほど記憶に無いというのが正直なところである。

特別授業の実施からしばらくして修学旅行から帰ってきた後に、再び担任の先生に効果の程はいかがなものだったかということを池田氏から尋ねた。その結果は、非常に興味深いものであった。

前年までは時間が余ってしまっていた広島平和記念資料館の見学だったが、今回は集合時間になるまでなかなか出てこなかったのだ。一人ひとりが実にしっかりと展示のそれぞれを見ていたのだそうだ。そして旅行後のアンケートにおいて、一番良かったところに広島平和記念資料館がダントツで選ばれ、そして感想に「広島平和記念資料館の時間が短かった」とすら書いている子もいたという。

この話を聞いた池田氏は、いくつかの点で大きく価値観を揺さぶられた。

ひとつは、自分たちの活動が単に原爆という括りではなく、命の大切さを考えたりするきっかけとして捉えてもらえるようなものなのだという気付き。

もうひとつは、同じ場所に行くにしても、事前に知識や興味・関心があるか無いかで、その行動や感じ方が大きく変化するという事実。

「だから多分、小説を書く前の私が宇品港に立っても何の感慨も湧かなかったと思うんです。小説の執筆を通じて色々な知識を持った状態になっていたからこそ、あの何とも言えない感覚になったんだと思うんです。」

――ああ、それは先程の〝よしぞうロード〟の……。

「はい。」

確かに興味深い話である。前年度の生徒と今回の生徒で特別な違いは恐らくないであろう。その差は事前に2校時の特別授業を聴いたかどうかだけである。たったそれだけの違いで行動に大きな差が生じるのであれば、事前の予習というのは大きな意味を持つといえるだろう。

思えばそれがドラマのロケ地などであったとしても、そのドラマのことを全く知らない人にとっては、ありきたりな風景にしか見えないことが大半であろう。

――そうすると、こうしてある程度の知識を持った私も、今回の現地入りで何かを感じられるかもしれませんね（笑）。

「どうでしょう（笑）。そうであることを期待してるんですけどね。」

こうして語り合ってるあいだも、新幹線は一路広島に向かって走り続ける。

原爆先生、広島に立つ

正午を少し回った頃、小雨混じりの広島に到着した私たちふたりは、レンタカーを借りて江田島に渡るために呉にあるフェリー乗り場へと向かった。クレアラインという愛称で呼ばれるバイパスを走っていると、眼下には瀬戸内海に面した広島の町並みがあり、その入り組んだ地形を改めて感じさせる。

――江田島ってすごく近いんですね。

フェリー乗り場から見える江田島は、ほんのすぐ目の前にあるかのように見える。フェリーにて10分ほどで江田島に上陸した私たちは、まずは海軍兵学校跡、すなわち現在の海上自衛隊第一術科学校へと、そのままレンタカーで向かった。予想以上の見学客の多さに軽い驚きを感じながら1時間半ほどの見学コースを辿り、様々な展示品などを閲覧していった。義三は陸軍であったため、海軍兵学校には直接関わりがあるわけではないのだが、私にとっては当時の江田島の様子を感じる手掛かりとなるだろうからである。

第一術科学校を出た私たちは本日の目的地へと向かった。江田島の北側、幸之浦である。陸軍船舶特別幹部候補生の訓練施設があった船舶司令部第十教育隊幸ノ浦基地の跡地。ここは義三たちが毎日厳しい訓練に明け暮れていた場所であった。

――何もないですね。

あたりを見回しながら私はそう言った。跡地といっても、そこには当時の面影を残すものは何も見当たらなかった。ただ慰霊碑が残されているのみである。その慰霊碑を眺めやりながら、私は特別授業の台本の冒頭部分を思い返していた。

「私は、昭和19年の9月、17歳で陸軍船舶兵特別幹部候補生隊に入隊し、翌昭和20年7月に、広島県の江田島にある第十教育隊、丹羽隊、第二班に配属されました。当時の私の階級は上等兵で、第二班の班長補佐として8名の部下を持つ身でありました。」

――義三さんは、特幹兵（特別幹部候補生）だったんですよね？

「そうです。ここでマルレの訓練を繰り返していたんです。」

▲幸ノ浦基地の跡地（といっても民家だけで何も残っていない）

――マルレ？

㋹と書いてマルレ。連絡艇の頭のレの意味だという。本来の名称は「四式連絡艇」、そして別名は「四式肉薄攻撃艇」。

「これのことです。」

そういうと池田氏は、慰霊碑に刻まれた文章の一部を指し示した。そこにはこう記されている。

〈昭和十九年戦局の頽勢《たいせい》を挽回すべく、船舶特別幹部候補生の少年を主体とし全軍より選抜せる下士官、将校の精鋭を以《もっ》て編成されたる陸軍海上挺身戦隊は、二五〇キロ爆雷を装備せるベニヤ製モーターボートにより一艇以て一船を屠《ほふ》るを任務とし、此処幸ノ浦の船舶練習部隊第十教育隊に於て昼夜分かたぬ猛訓練に励み……〉

――爆雷を積んだベニヤ板の船で敵船ひとつを屠るって……、これって特攻じゃないですか⁉

「そのとおりです。名目的には、敵にぎりぎりまで接近して爆雷を投下して、すぐにUターンして逃げるということになっていましたが、実際には敵に近づく前にやられてしまったり、Uターン出来ずにそのまま敵に体当たりしてしまうのが現実だったようですね。」

私は呆気に取られてしまった。特別授業の中で、原爆投下の際にとっさに身を守ることが出来た義三はこう語っていた。「日頃の訓練の賜物か」と。主人公である義三が日々繰り返していた、その厳しい訓練とは、特攻に向けてのものだったのだと知り、私は何とも言い難い気持ちに包まれた。そして慰霊碑の文章の続きに目をやる。そして中段あたりのこの一文で身震いした。

〈奮戦せし者を含め戦闘参加の勇士二二八八名中、再び帰らざる隊員実に一六三六名の多きに達し、挙げたる戦果敵艦船数十隻撃沈、誠に赫赫《かくかく》たるものありしも当時は秘密部隊として全く世に発表されざるままに終れり。〉

その数字を見て呆然とする。そしてつい先程見学してきた海軍兵学校跡に残された零戦や回天の特攻兵のことを思い返す。彼らの残した遺書などが多数展示され、それを見た見学客の間からはすすり泣きの声も聞こえていた。それは確かに悲痛なもので

▲幸ノ浦基地跡地に建立された海上挺身戦隊の戦没者慰霊碑

あった。

だがしかし、ではこの海上挺身戦隊についてはどうなのだ。死者1636人。これだけの人たちが特攻で命を散らしていったという事実。しかもそれが世の中の殆どにまったく知られていないであろうという現実。

「このことについても、いつか整理して伝えられるようにしたいと思ってはいるんですよ。」

池田氏のその言葉に、

――ウンチクが更に増えますね（笑）。

耐え切れない気持ちをはぐらかすかのごとく、少し茶化すように私は言葉を返しながら、更に文章を読み進めた。

〈更に第四十一戦隊以下十一ヶ戦隊は終戦当時当地に在り原爆投下直後の広島市民の救出残骸の整理に挺身活躍、同年十月艇を焼き部隊を解散せり。〉

――これが義三さんたちの奮闘のことなんですね。

「あ、本当ですね。ちゃんと書いてありますね。」

そう言葉を交わしながら海岸を見やると、海を挟んだ向こう側にある広島の町が思いの外近くに感じられる。

――ここから上陸用舟艇に乗って広島市内に向けて出発したんですね。

往時の様子を思い描きながら、私たちは夕暮れの小雨の中で慰霊碑に手を合わせたのだった。

想像

翌日は雨も止んで薄曇りの天気であった。宿泊先のホテルを出発した私たちは、路面電車に乗って宇品港に向かった。

「本当は上陸地点の宇品西二丁目から忠実に歩くといいのかもしれませんが、どうせもう一度通りますから。」

池田氏がそう説明した。主人公の義三たちは、江田島から上陸用舟艇で現在の宇品西二丁目あたりに上陸した。そこで原爆投下に遭遇し、一度宇品港まで戻っている。つまり、ここから爆心地に向けての行程が始まっているのである。

「宇品港のあたりに、暁部隊《あかつき》の司令部があったんですよ。」

暁部隊。陸軍船舶司令部の通称であり、海上輸送などの海に関する陸軍の部隊のことである。総兵数は約30万人に及ぶとされる大組織であった。その暁部隊の司令部が、ここ宇品港の近くにあったのだという。

現在の広島城には中国軍管区司令部跡が残っている。その広島城から少し離れたところに第二総軍司令部も存在した。つまり広島は陸軍にとって重要な軍事拠点であった。しかし原爆投下によってこれらは壊滅。爆心地から少し離れたところにあったために、暁部隊司令部はその被害が軽微なものに留まったという。そのため組織的な救助活動の基点として活動することになったようである。義三の所属は、陸軍の第十教育隊である。つまり暁部隊の指揮下にある。よって、宇品港の暁部隊司令部からの指令を受けて義三たちが広島市内の消火作業にあたったのは、当然のことだったといえる。

——ということは、このあたりに大勢の負傷者が溢れかえっていたんですね。

「そうなんでしょうね。」

私たちは周囲を眺めやりながら歩き始めた。ここから路面電車の線路に沿う形で、当時の義三たちと同様に徒歩で広島市内に向けて進んでいく。

宇品通りを北上していくと、ちょうど宇品三丁目駅の手前あたりで池田氏が左折した。

「広島市郷土資料館に寄りたいんです。」

江田島から上陸用舟艇で瀬戸内海を越えてきた義三たちが降り立った上陸地点を知る手掛かりがあれば……。そう池田氏は言葉をつないだ。義三たちは上陸地点でトラックを待っているときに原爆に遭遇した。確かにそれは物語のキーポイントとなる場所である。私たちは、郷土資料館へと向かった。

郷土資料館では学芸員の方が親身になって対応してくれた。当時の地図などを色々と揃えてくれて、膝を突き合わせながらここだろうか、あそこだろうかと様々な点について検討した。その結果はというと、残念ながらピンポイントでここだと指し示すには至らなかったのだが、おおよその場所はほぼ検討がついたのである。それはちょうど郷土資料館から西に歩いて5分程度のところである。私たちは礼を述べると、現地へと向かった。

現在の出島入口という名称の交差点のあたりの堤防を上ると、京橋川を一望することが出来る。ちょうどこの辺りには広々とした陸軍の食料関係の施設があったという。義三たちを救うことになったドラム缶が立ち並ぶにはそれなりの広さが必要となるだろうこと、また、当時の航空写真で桟橋の存在が見て取れたことからも、まずこのへんで間違いないだろうということであった。

――以前に義三さんと広島に来られたときには……、

「ここには来ませんでした。ですから私も初めてです。」

そう応えながら池田氏も感慨深げに周囲を見回していた。堤防に立ち北の方を見やると、御幸橋が意外と近くに見える。その先はもう広島市内、つまり当時の爆心地ということになる。その距離は直線にして３キロメートル強のはずだが、思った以上に近いように感じられる。とはいえ、これだけ離れたところにまで、人の身体を10メートルほども吹っ飛ばすような爆風が一瞬で到達したのだから、原爆のその威力を思うと改めて背筋に寒いものを感じてしまう。

――あのへんに、こう、ぐわ～っと原爆雲が湧き上がってたんですかね。

そう言いながら、私は広々とした青空を見上げて、しばらく身動きできない感覚に

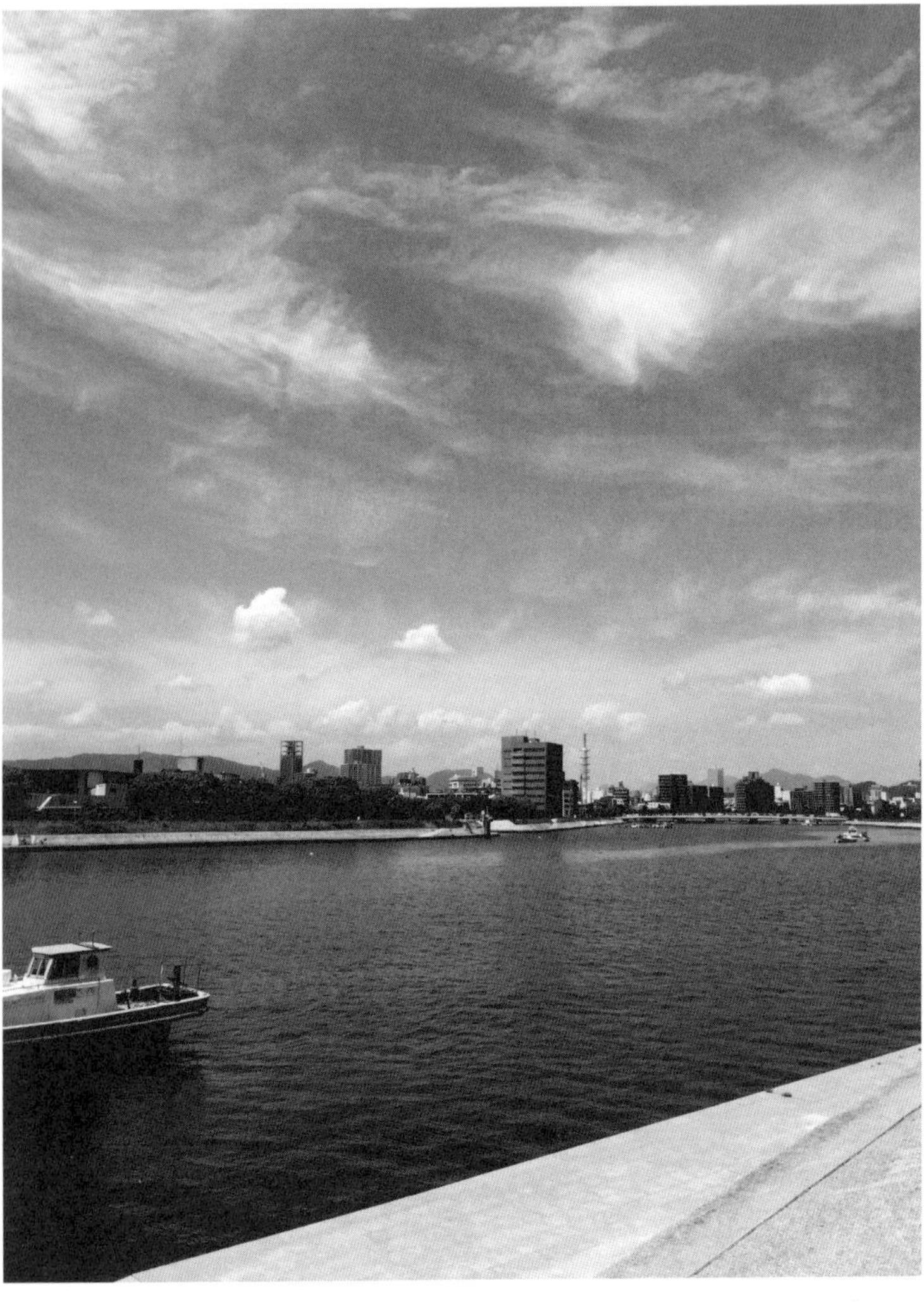

▲上陸地点と思われる場所から広島市街中心爆心地方面を望む（御幸橋が写っている）

囚われた。そしてふと、何の脈絡もなく、「ああ、これか」と腑に落ちるものを感じたのである。池田氏が語った「何とも言えない感覚」とは、ひょっとするとこの気持ちなのではないか。

そこから見る広島の町並みには、当時の様子を直接連想させるようなものは何一つない。しかし、昨日は江田島の慰霊碑前に立ち、今日は宇品港からここまでずっと歩いてきて、これまで知った様々な事柄が、首から上だけの言葉のみの理解でなく、首から下の体全体での実感のようなものになった気がしたのである。

――確かにこの感覚は、言葉で伝えるのは難しいな。まさに、何とも言えない、だ。

私はそう実感したのであった。

「ここから御幸橋まで、このまま直進しましょう」

その道は恐らく、原爆に遭遇した義三たちがまず広島市内を目指した道である。この道いっぱいに被爆した人たちが大勢苦しみながら歩いていたことを思うと、虚心ではいられなかった。

御幸橋を越え、私たちは黙々と歩き続けた。薄曇りだった空はどんどん快晴になっていき、それに連れて私のTシャツは汗だくになり、そして段々と歩き疲れてきたのである。

——どうしてこんなところを歩いてるんだろうか……。

そんなことをすら思う始末である。途中で義三たちが消火作業に奮闘した千田町の大火災にまつわる表示を見たり、いくつかの被爆建物を見たりしながらも、疲労のために段々と無言になっていった。そしてそんな自分を自覚すると、義三くんも同じような気持ちだったのかな、などと思ったりもするのであった。

そうこうしながら、私たちはようやく平和記念公園にほど近い、元安川の堤防へと到着した。正確な場所は知る由もないが、このあたりのどこかで義三たちは毎日遺体の収容と焼却作業に従事したのは間違いない。この河川の水が涸れ果て、露出した川底を埋め尽くすように、全身が素っ裸で真っ赤になった遺体が夥しい数で折り重なっていたのだという。そのことを思い返しながら、改めて目の前の穏やかな元安川を眺めると、陰鬱な気持ちになり、再びしばらくの間身動きできないような状態になったのである。

——遺体を背負って、この堤防を何度も何度も上がったり下りたりしたんです

▲現在の元安川の堤防

よね。

「そうですね。当時とはまた堤防の形などは違ってるのでしょうけど。」

——結構な勾配ですし、高さもありますよね。

「何も持たずに往復するだけでも、すぐにへこたれますね。」

——もう既にへこたれてますよ（笑）。

朝からここまで歩き続けて疲労がたまっている状態の私は、想像しただけでもうその場に座り込んで動けなくなりそうな気分になってしまい、苦笑いするしかないのであった。

それにしても、と私は思った。何の変哲も無い単なる堤防であり河川でしかないその光景を見て、実に様々なことを感じ、考えさせられるものなんだろうか、と。もし少し前の私がこの場に立っても、全く何の感慨も湧かなかっただろう。何も感じず、何も考えることはなかっただろう。単にのどかな景色がそこにあるだけだからだ。

だが今は、そののどかさが逆に様々なことを思わせることにつながっているように感じる。当時の様子を思い描き、それらを直視した義三たちの気持ちに思いを馳せる。そしてこれらを言い表すのは、確かに難しい。そう、何とも言えない感覚、なのだ。

——人間って不思議なもんだな。

自分自身の心に対してそんなことを考えながら、しばらくその場でじっと川面を眺め続けたのだった。

縁

さらに翌日。池田氏が都合により昨晩のうちに先に帰ったため、私はひとりで広島平和記念資料館へと向かった。思えば中学三年生のときの修学旅行で来て以来だから三十数年ぶりである。びっくりするほど快晴の、雲ひとつ無い青空の下、資料館の前に立って周囲をぐるっと見渡してみる。しかし自分でもびっくりするほど何も覚えていないことに愕然とした。

——修学旅行って何だったんだろうな。

そう苦笑いしながら、私はひとりで資料館に入っていった。

東館がリニューアル工事中のため、本館を順路に沿って進んでいく。平日の朝一番だったこともあって、まだ修学旅行生や団体客は少なかったのだが、それでも館内には大勢の見学者が溢れていた。特に印象的だったのは、外国人見学者の多さである。それらの方たちは、年配の夫婦らしき二人連れや、小さな子を連れた若い夫婦など、決して団体ではなくそれぞれに家族で来ているようであった。館内ガイドの方の英語による解説に熱心に耳を傾けながら、時には大きく頷《うなず》き、また時には悲痛な表情になるなど、その真剣さが傍目《はため》にも窺い知れた。

それらの人たちの間をすり抜けるようにしながら、私もまた展示のひとつずつをじっくりと見ていく。それはまるで、ここしばらくのうちに得た知識などの答え合わせのようであった。ひとつずつを見ては「なるほど」「やっぱりそうなのか」など、そんなことを思ってはまた次の展示を見る。そんなことを繰り返しながら、三十数年前の来館時を思い返していた。

三十数年前の修学旅行のときには、これほど丁寧に展示を見なかった。全く記憶に残ってないのだから、どれほど雑に見ていたかを痛感させられる。ではどうしてあの頃は丁寧《ていねい》に見なかったのか。どうして今はこれだけ丁寧に見ようとするのか。そんなことに思いを至らせると、池田氏の「修学旅行前の事前授業を実現したい」という気持ちが非常によくわかる気がしてきたのだ。

――まさしく、勿体ない、だな。

そう思うのだ。これだけ緻密に説明された展示があっても、それが意味するものを理解する土台を持たなければまさに猫に小判のようだと言わざるを得ないと感じる。そう感じれば、「修学旅行前の事前授業」にはやる価値・意義があるとつくづく思うのだ。

やがて展示を見終わり資料館を出た私は、真ん前にある平和記念公園の慰霊碑の前に立った。小説『ヒロシマの九日間』の出版後、戦後60年以上を経てようやく再び広島の地を踏んだ義三氏は、冷たい小雨の降る中、この慰霊碑の前で何も言わず、直立不動の姿勢で長時間立ち尽くしていたという。私もまた、合掌しながらしばらくの間そこに立ち尽くしていた。

しばらくして私は、すぐそばにある原爆ドームへと歩いて行った。元々は広島県産業奨励館であった建物である。特別授業において、その事実を伝えられた子供たちは一様に驚きの表情を見せる。そう、原爆ドームは最初から原爆ドームだったわけではない。そんな当たり前のことも、色々と知った今こうして改めて実物の前に立って眺めていると、実に不思議に思えてくる。あれだけの威力によってこれだけ破壊されているのに、もっと粉々に跡形もなく破壊されていてもおかしくないのに、なのに、言葉は不適切かもしれないが、まるでこういう形になって残ることを狙ったかのような風情に、何とも言い難いものを感じてしまうのである。シンボルとして出来過ぎのようにすら感じられるのだ。

――出来過ぎといえば、義三さんもだし、池田さんもだな。

そんなことを思う。偶然ドラム缶の陰になって助かった。嘘か真か被爆者が夢で書き残せと言ったので手記を書いた。偶然自分と同名の神社の存在を知った。偶然講演依頼があって小学校で話をするようになった。そう思うと、人生とは実に不思議である。不思議だからこそ面白いとも言えるのかもしれない。

脳裏をよぎる様々な考えをもてあそびながら、数百m離れた最終目的地へと私は到着した。上空約600mで原子爆弾リトルボーイが爆発したその直下。当時の島病院のあった場所。まさしく爆心地のど真ん中である。現在は再建されたビルが建ち、島外科内科という名前に改められている。

その島外科内科のビルの横にある、ここが爆心地であったことを示すモニュメントを見た私は、そのまま真っすぐ真上を、雲ひとつ無い青空を見上げた。そしてそのまじっと見つめ続けた。

1945年8月6日午前8時15分。今見つめているまさにあの一点で、ゴルフボー

▼原爆ドームこと元・広島県産業奨励館

ル大のウラン1kgが核分裂を起こしたのだ。その瞬間を境に世界は、歴史は、後戻りの出来ないものに一変した。そのほんの数秒前は、きっと今とさほど変わらぬ穏やかな空の色だったのだろうと思うと、その激変を心底恐れる。そして思う。今この瞬間に同じことが起こらないと断言できるだろうか。70年前にここで空を見上げた人は、次の瞬間に世界が一変するなどと想像出来ただろうか。

人生はどうなるかわからない。だからこそ、恐れ怯える世界ではなく、面白いと感じられる日々を送れるような世界を作っていきたいと思う。そう思うと、「面白い」という感想を抱かせる特別授業は、そんな授業を提供している原爆先生という存在は、それはきっと素晴らしい価値があると思うのだ。

どれほどの時間が経っただろうか。ずっと空を見上げていた首を戻すと、私は青空の下を広島駅に向かって歩き出した。

——さあ、帰ろう！

抜けるような清々しい青空。この青空は、我が家につながっている。そう、そして遠くグァム島の北方のテニアン島にも。そんな大きく美しい青空に怯《おび》えなくても良いというのは、それが当たり前の日々だというのは、それは本当に幸せで素晴らしいことだと心底感じるのだ。

▲島病院（現・島外科内科）の上空。ここでリトルボーイが爆発した。

エピローグ

原爆についての話というのは、今でもやっぱり「ああ、面倒な話だな」というのが率直な気持ちである。だが一方で、原爆先生の取り組みは原爆ということを脇においても、未来を拓く可能性を感じさせるものであるのも事実である。

戦後70年が経過して、当時の様子を語れる体験者はどんどん少なくなっている。これは広島の原爆に限らない。長崎や沖縄についても同様であろう。それらをどうやって残し伝えていくか。押し付けでなく若い世代の興味・関心を喚起する形で、どうやって伝承していくか。この課題はますます重みを増していくだろう。

いや、戦争体験だけではない。震災などのような災害についても、私たちはともすれば忘れがちであり、その油断が次の惨事を招きかねない。もっと言えば、いじめや体罰などのような問題についても同様であろう。これらの、「面倒な話」でありながらも、きちんと伝えていかなければならない大切なことというのは、大小様々なレベルであっても私たちの周囲に数多く存在する。

それらを語り聞かせ興味を持たせる。原爆先生の特別授業は、そのための手法を考える格好の材料にも成り得ると考えるのである。

●物語という形式
●イズム中立
●事実のみを淡々と

これらの考え方を取り入れることで、興味を持ってもらうということへの可能性を大きく広げられるのではないだろうか。そんなことを考えるのである。仮に原爆そのものに関心が無くても、もし何かの「面倒な」テーマを伝えるために悩まれている方がいるのであれば、是非ご参考にしてもらえるのではないかとも思う。

さて、実際に広島に行って〝よしぞうロード〟を歩いてみて感じたことがある。それは

「実際に行った場所には、縁を感じるようになる」

ということだ。

広島滞在中には昼食にお好み焼きを食べたりもした。タクシーに乗った折には運転手さんとの会話が弾み非常に面白かったりもした。そのような体験を通じて、私にとっての広島は「かつて、つまらない修学旅行で行ったところ」ではなく、「いっぱい歩いてクタクタになったり、美味しいものを色々と食べたり、色んな楽しいことが

あった思い出のあるところ」に変わった。間違いなく私と広島の関係は変わったのである。実際に行ってみる効能とは、そういうものではなかろうか。

平和記念資料館にて外国人見学者が多かったことについて池田氏と話しながら、彼らがもし義三物語を知っていたら、そして〝よしぞうロード〟を歩いていたなら、一体どんな風になるだろうということにふたりで思いを馳せた。きっと、より一層広島に愛着を持つようになるのだろう。そしてそれは広島に限ったことではないのだろうし、そういう行き来が縁や愛着を育んでいくのだろう。

「外国からの方といえば、2020年には東京オリンピックがありますよね。」

突然池田氏が言った。東京オリンピックということは、世界中から大勢の人たちがこの日本に、東京にやってくるということだ。もしも……、もしも仮に、その人達に、どうにかして来日前に義三の物語を伝えることが出来たらどうだろうか。

私たちは夢想する。東京でオリンピックという平和の祭典を見た海外からの人たちが、そのまますぐに帰国するのではなく、東京から西に向かう様子を。ある家族は飛行機で。あるカップルは新幹線で。その人達がみな〝よしぞうロード〟の地図を手にしているのを。そしてふと隣の席を見て、彼らがこんなやり取りをすることを。「おっ、Youたちもよしぞうロードですか？」「えっ、Youたちもですか？」「では一緒に回りましょうか！」

などという言葉を交わして盛り上がることを。そして彼らが一緒に〝よしぞうロード〟を歩くことを。

――……いいじゃないですか！（笑）

「面白いでしょ？（笑）。」

うん、面白い！　そんなことが起これば、それはとっても素晴らしいことだ。そんな風に世界中の人々の縁がつながっていけば、それは結果として平和へとつながるよすがになるのかもしれない。

そのようになっていくと、人々の間で語られるうちに、義三の物語はどんどんエッセンスが抽出され凝縮されていき、数百年後には10分程度で語れるような、ちょうど「日本昔ばなし」のような形になっていくのかもしれない。

「むかしむかし、あるところに、義三という少年がいました……」

……そんなやり取りを思い返しながら、ぼんやりとしていると「では、よろしくお願いします」と促された。

私は気持ちを引き締めて、目の前に座る子供たちに向かって語り始めた。

「こんにちは！　私は、ＮＰＯ法人原爆先生の、羽生章洋と申します。よろしくお願いします。」

―了―

第3部

資料篇

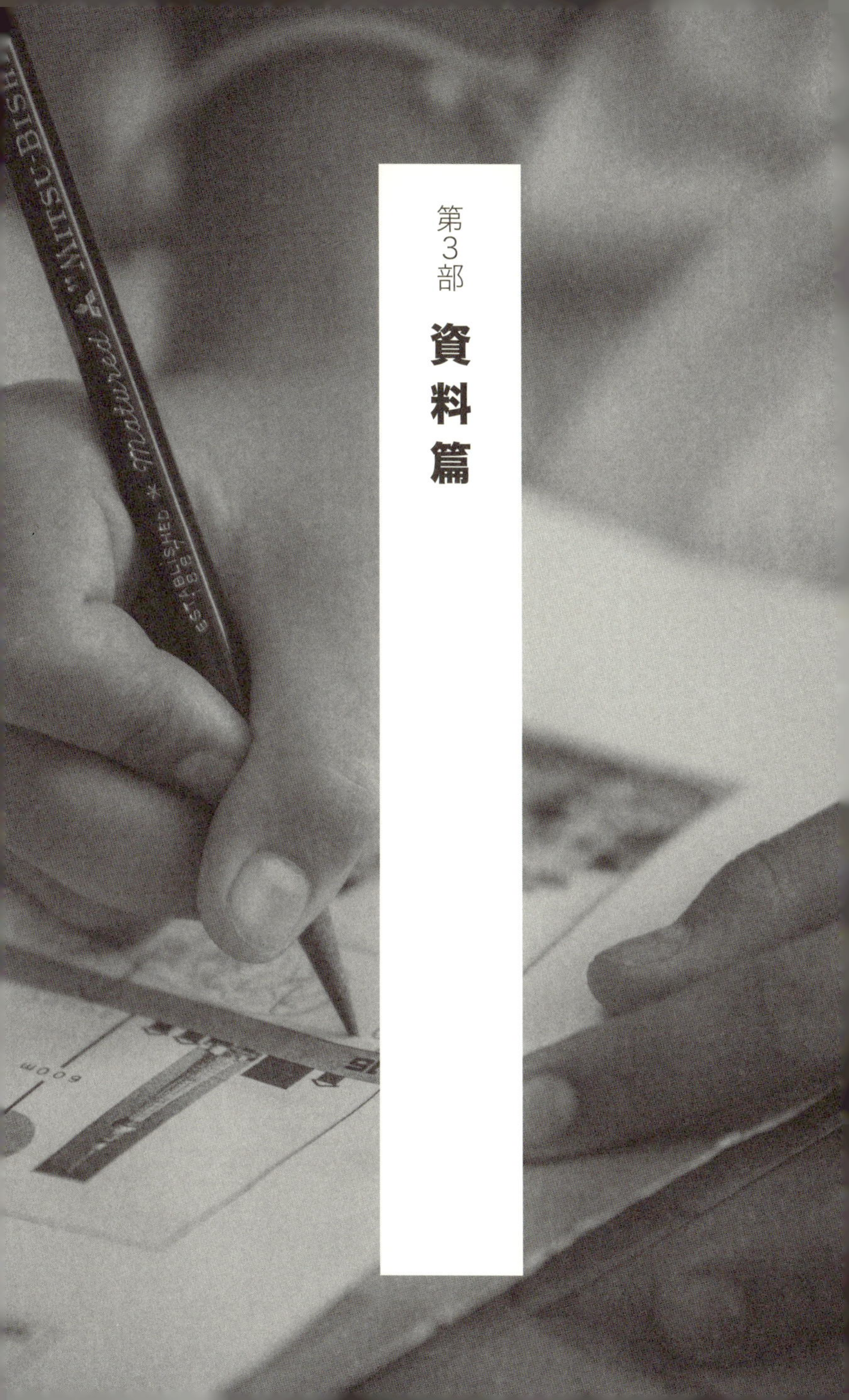

2015年度　特別授業実施校リスト

※網掛け部分は中学・高校

月日	実施校名	受講生徒数
2015年		
4/25	清瀬市立清瀬第十小学校	110
6/13	中野区立鷺宮小学校	50
6/16	国本小学校	55
6/20	台東区立黒門小学校	60
6/29	町田市立小山田小学校	90
7/9	立川市立第一小学校	60
7/10	八王子市立城山小学校	110
7/10	中央区立常盤小学校	110
7/11	中央区立常盤小学校	15
7/13	小平市立小平第十四小学校	100
7/15	葛飾区立西亀有小学校	55
7/16	府中市立府中第三小学校	155
8/31	羽村市立栄小学校	75
9/7	町田市立忠生第三小学校	90
9/8	小金井市立本町小学校	75
9/10	町田市立三輪小学校	110
9/10	調布市立杉森小学校	130
9/11	新宿区立鶴巻小学校	20
9/12	荒川区立赤土小学校	100
9/12	練馬区立上石神井北小学校	100
9/14	西東京市立けやき小学校	110
9/15	練馬区立石神井台小学校	120
9/15	稲城市立若葉台小学校	170
9/16	多摩市立豊ヶ丘小学校	55
9/17	八王子市立元八王子小学校	110
9/18	豊島区立高松小学校	85
9/18	立川市立柏小学校	105
9/19	板橋区立上板橋小学校	30
9/24	練馬区立大泉第三小学校	100
9/25	青梅市立霞台小学校	80
9/25	練馬区立練馬東小学校	110
9/26	中央区立月島第二小学校	120
9/28	武蔵野市立第二小学校	80
9/29	府中市立四谷小学校	95
10/1	大田区立大森第四小学校	110
10/1	多摩市立多摩第二小学校	150
10/2	大田区立赤松小学校	75
10/3	立川市立けやき台小学校	100
10/6	多摩市立貝取小学校	60
10/6	日野市立夢が丘小学校	80
10/7	江戸川区立篠崎第三小学校	130
10/8	板橋区立北野小学校	140
10/8	練馬区立下石神井小学校	140
10/9	国立市立国立第六小学校	50
10/9	品川区立鈴ヶ森小学校	80
10/10	練馬区立開進第四小学校	95
10/13	目黒区立宮前小学校	65
10/13	中野区立白桜小学校	60
10/14	江戸川区立江戸川小学校	70
10/15	江東区立第二大島小学校	21
10/15	多摩市立大松台小学校	120
10/16	足立区立関原小学校	65
10/16	板橋区立高島第一小学校	75
10/17	板橋区立北前野小学校	80

11/19	国分寺市立第九小学校	70
11/20	北区立梅木小学校	60
11/20	足立区立皿沼小学校	70
11/21	板橋区立志村第六小学校	140
11/24	北区立西ヶ原小学校	35
11/24	練馬区立向山小学校	75
11/25	江戸川区立瑞江小学校	80
11/26	八王子市立別所小学校	50
11/26	八王子市立椚田小学校	95
11/27	八王子市立愛宕小学校	55
11/28	文京区立駕籠町小学校	50
11/30	大田区立高畑小学校	100
11/30	台東区立根岸小学校	95
12/1	八王子市立第八小学校	55
12/1	小金井市立小金井第二小学校	100
12/2	江戸川区立上小岩第二小学校	55
12/3	府中市立矢崎小学校	75
12/3	中央区立佃島小学校	105
12/4	世田谷区立松沢小学校	155
12/4	あきる野市立屋城小学校	45
12/5	台東区立蔵前小学校	100
12/7	世田谷区立玉川小学校	105
12/7	小平市立小平第五小学校	105
12/8	文京区立湯島小学校	40
12/8	練馬区立泉新小学校	95
12/10	あきる野市立前田小学校	50
12/10	清瀬市立清瀬第八小学校	70
12/11	千代田区立麹町小学校	90
12/12	練馬区立大泉東小学校	110
12/14	中央区立阪本小学校	30
12/15	練馬区立成増小学校	95
12/15	練馬区立富士見台小学校	110

10/19	晃華学園小学校	120
10/20	足立区立平野小学校	65
10/20	江戸川区立東葛西小学校	125
10/22	小金井市立小金井第三小学校	80
10/22	板橋区立富士見台小学校	75
10/23	八王子市立大和田小学校	70
10/23	武蔵村山市立第九小学校	65
10/24	清瀬市立清瀬第七小学校	60
10/26	小金井市立東小学校	80
10/27	瑞穂町立瑞穂第四小学校	100
10/29	江東区立第二亀戸小学校	65
10/29	江東区立第四砂町小学校	75
10/30	江東区立第一大島小学校	90
10/31	小金井市立小金井第四小学校	90
11/4	世田谷区立桜町小学校	140
11/5	自由学園初等部	35
11/5	杉並区立八成小学校	90
11/6	西東京市立上向台小学校	145
11/6	小平市立花小金井小学校	60
11/7	葛飾区立花の木小学校	130
11/9	大田区立仲六郷小学校	50
11/10	葛飾区立新宿小学校	35
11/10	大田区立中萩中小学校	105
11/11	三鷹市立羽沢小学校	65
11/12	練馬区立北町西小学校	90
11/12	港区立赤羽小学校	60
11/14	世田谷区立若林小学校	35
11/16	狛江市立第三小学校	100
11/17	目黒区立中根小学校	95
11/17	中野区立中野本郷小学校	55
11/18	八王子市立第七小学校	110
11/19	江戸川区立東小松川小学校	120

1/27	練馬区立中村小学校	135
1/28	葛飾区立上平井小学校	75
1/29	日野市立南平小学校	95
1/29	練馬区立旭町小学校	55
1/30	台東区立東泉小学校	70
2/4	多摩市立西愛宕小学校	25
2/5	江東区立第五大島小学校	85
2/6	東大和市立第四小学校	80
2/8	稲城市立城山小学校	75
2/9	三鷹市立第三小学校	110
2/12	目黒区立原町小学校	40
2/13	大田区立大森第一小学校	90
2/15	目黒区立不動小学校	60
2/16	江東区立第三大島小学校	110
2/17	国分寺市立第二小学校	130
2/18	練馬区立開進第二小学校	75
2/19	江東区立川南小学校	70
2/20	光塩女子学院初等科	120
2/23	稲城市立稲城第三小学校	75
2/23	目黒区立向原小学校	45
3/1	横須賀市立鷹取中学校	200
3/5	台東区立田原小学校	70
3/7	東大和市立第六小学校	65
3/8	練馬区立南が丘中学校	80
3/11	国分寺市立第五小学校	80
3/12	葛飾区立宝木塚小学校	75
3/14	捜真女学校高等学部	180
3/15	横浜市立日吉台中学校	320
3/22	練馬区立開進第二中学校	200

12/16	練馬区立北原小学校	125
12/17	江東区立第二辰巳小学校	105
12/17	江東区立東雲小学校	90
12/18	町田市立小川小学校	110
12/18	八王子市立第九小学校	75
12/19	板橋区立板橋第五小学校	95
12/21	三鷹市立第五小学校	70
12/21	立川市立幸小学校	70
12/22	板橋区立志村小学校	55
12/22	国分寺市立第六小学校	110
12/24	羽村市立小作台小学校	85
2016年		
1/9	練馬区立光が丘第八小学校	35
1/12	東京三育小学校	25
1/14	世田谷区立給田小学校	140
1/14	品川区立後地小学校	32
1/15	昭島市立つつじが丘小学校	70
1/15	世田谷区立明正小学校	150
1/16	中野区立平和の森小学校	100
1/18	八王子市立高嶺小学校	85
1/18	品川区立小中一貫校日野学園	85
1/19	練馬区立南が丘小学校	50
1/20	豊島区立要小学校	45
1/21	世田谷区立京西小学校	100
1/21	新宿区立花園小学校	60
1/22	国分寺市立第七小学校	80
1/22	世田谷区立八幡山小学校	85
1/23	豊島区立豊成小学校	65
1/23	大田区立矢口小学校	90
1/25	品川区立豊侑の杜小学校	95
1/26	練馬区立八坂小学校	75
1/26	葛飾区立綾南小学校	50

感想

特別授業後に小学生・中学生・高校生・保護者・先生から寄せられた感想文の一部を掲載しました。文章は明らかな間違いをのぞいてそのままとしました。

小学生の感想

▼現在の治りょうの技術を、その時使えたら、少しでも多く、人を救えたのではないかと、どうしようもできなかったことに、心が痛みました。

▼この授業を受ける前までは、すごいたくさんの人が被害にあって、苦しんでいたのだろうという程度しか知りませんでした。この授業を受けておどろいたり、悲しい気持ちになったものがいくつもありました。例えば原爆をおとす場所を決めるのには、条件があったということ。リトルボーイの中心温度は太

陽よりもあつく100万℃だということ。音速よりも衝撃波の速さの方が速いこと。リトルボーイの材料のウランは１kgで大きな被害を出せること。人がコンクリートのかいだんにやけついたり、いっしゅんにして白い光につつまれ死んでしまったことです。

▼これからは、ご飯は残さないようにして、物や命をそまつにしない事を心がける。

▼60年経っても、原爆の悲惨さを昨日の事のように思い出し、息を詰まらせる池田義三さんの姿を見て、戦争経験は死ぬまで忘れられず、生き残っても、苦しい思いをして生きなければならないことを痛感しました。

▼家族に、原爆先生から教わったことを伝えて、一緒に戦争（原子爆だん）について考えてみました。お父さんも原子爆だんについてよく知っていて、いろいろなことを教えてもらいました。

▼これから私は、原爆０（ゼロ）戦争０（ゼロ）の世界を目ざします。そのために　この今日の経験を生かし、少しずつでも原爆０戦争０に近づきたいと思っています。

▼またこういった事があったらぜひ話を聞きたいです。

▼特別授業を受講する前、原爆先生は、実際に戦争を体験した人かなと思っていたけれど、

戦争体験者ではない方でびっくりした

▼日本とアメリカの両国籍を持っている者として、複雑な気持ちで私は先生のお話を聞いていました。アメリカがそんなにひどい国であるとは、知りませんでした。しかし、家で父から日本も戦時中に、多くの悪いことをし、それが最後に広島と長崎への二つの原爆投下につながったのだ、と言うことも学びました。

▼私は、兵器が無くなってほしいですが、何かを守るためにも武器が必要になっている所が、とてもむずかしい問題だと私は思います。

▼もし広島の原爆が落とされている時私が広島にいたらどうなっていたのだろう？そしてどんな気持ちだったのだろう？その疑問を考えてみると非常に悲しいことばかりでした。

▼私は、「身近な所からの争いをなくさなければならない」と考えました。最近では「いじめ」も増えてきています。そのような、たった小さなことから大きな争いにもつながると思います。

▼私はこの受講をする前までは「軍隊」と聞くと「人をうっている」というイメージしかありませんでした。

▼ひ害にあった人はどんなに苦しくても「生きたい」ということが1番だったと思います。でも、今は平和なのに自ら命を落す人もいます。

▼原爆先生の話を聞いて私は、とてもこわくなり、耳を何回もふさぎたくなりました。ですが、ココで耳をふさいでしまったら、また同じことをくりかえしてしまうと思い、手をギュッとにぎり下をむきながら聞いていました。

▼音よりも速いスピードで物が飛ばされるなんて想像がつきません。物が飛ばされてから音がなるなんてそんなことがあるんだと思いました。

▼なぜ池田義三さんは17才なのに軍隊にしがんしたのか不思議に思いました。

▼今が平和な時代のこと、いつもおいしい給食が食べられることなどをとても感謝して生きていきたいと思いました。それに、これから戦争をするような悪い国にならないように、選挙にも必ず行ったりしたいと思いました。

▼「自分達がおとなになったら、もう繰り返さないよう、何が出来るのか」と考えを持ちました。

▼そして体験談のときの話は興味がとても出てしまい友達に迷惑がかかっていることをしていると分かっていてもつい身を前に出してしまい外の音も殆ど聞こえなくなりました。

▼私は、原子爆弾を落とす場所が相談して決めたなんて知らなかったので、平野であるこ

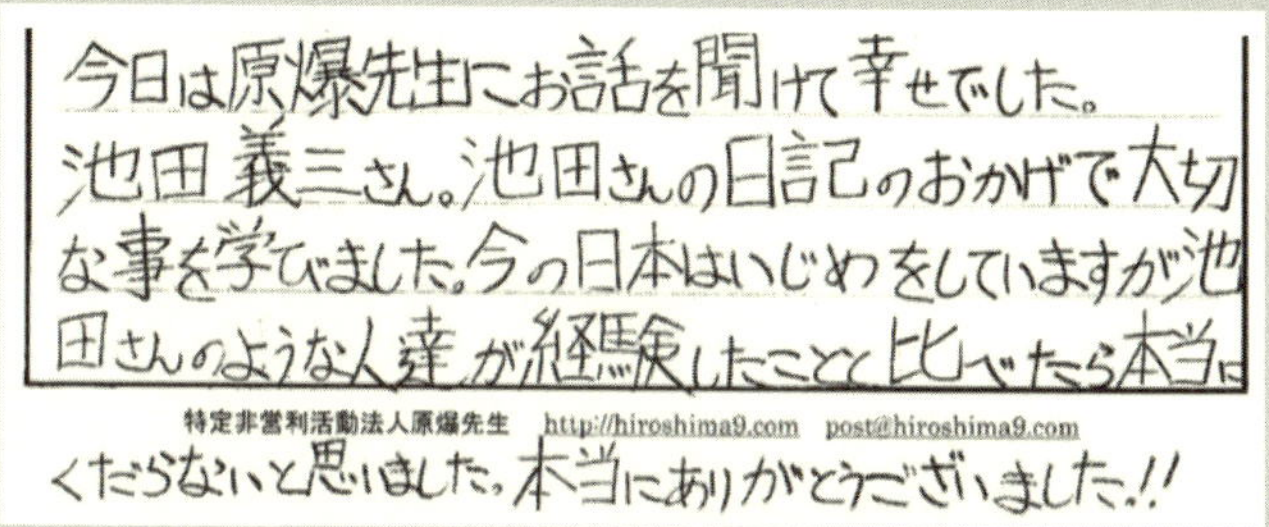
今日は原爆先生にお話を聞けて幸せでした。
池田義三さん。池田さんの日記のおかげで大切
な事を学びました。今の日本はいじめをしていますが池
田さんのような人達が経験したことと比べたら本当は
特定非営利活動法人原爆先生　http://hiroshima9.com　post@hiroshima9.com
くだらないと思いました。本当にありがとうございました。!!

▲小学生の感想

とや、空しゅうにあったことがない都市を選んで決めると聞いてとてもびっくりしました。

▼池田義三さんが、体験談を話している時に泣いてしまったのを見て、私も同じような気持ちになりました。「私がもし被爆者で、同じようなことをしゃべることになったら、きっとはなしている時、その時の様子を思い出して泣いてしまうだろうな」と思いました。

▼私は戦争にはちょっと興味がありました。なので原爆先生が来てくれた時は、「どんなお話をきかせてくれるのかな～」とぞくぞくしていました。これからもっともっと戦争の事を知りたいと思います！

▼私は、今回の特別授業を受け、何度もぞっとしてしまいました。けれど、ただ、「怖い。もう聞きたくない」というようにはならず、逆に、私たち被爆してない今の人は、本当の幸せとは何なのかを考えられるようになりました。

▼ぼくは、ふだん生活していていやだなあ、大変だなぁと思う事がありますが、話をきいてぼくは、とてもしあわせなんだなぁと思いました。

▼自分が当たり前に食事が出来て、学校で勉強をして家では温かい風呂に入りのどがかわいたら冷たいジュースを飲んでお友達とゲームをして遊べる今の生活は、とても幸せだと感じます。

▼原子爆弾のこわさ、おそろしさを改めて、より良く知ることができた。今までは原子爆弾のことをただの爆弾とかとくに変わりのないものだと思っていた。が、原爆先生の話を聞き、普通の爆弾ではないということが知れた。話を聞いて、原子爆弾による被害がすさまじいものだというのが分かった。

▼原爆は、ほんの少しの時間でたくさんの人の命をうばってしまうということを知りました。とてもこわいし、ひどい物だと思いました。

▼今まで原爆なんて自分に関係ないやなどと思っていたけど、原爆は怖くておそろしいも

のなんだなと思いました。

▼原爆はまるで地上に太陽がおちてくるようなものなのだと思いました。

▼以前、総合の学習で原爆ドームのことを調べた時、「原爆は恐ろしい」ということを思いました。しかし、今回聞いた話は、それとは比べ物にならない恐ろしさでした。やはり、インターネットと実体験を聞くのは違い、原爆の恐怖におののきました。

中学生の感想

▼私達戦争を知らない世代が戦争を伝えていくことは、ある意味不可能だと思います。では私たちには何ができるのでしょう？　戦争というものへの理解を深めていくことだと思います。私も１度、原爆ドームと原爆資料館に行ってみたいです。

▼僕は平和に役立つ職業につけるように努力したいと思いました。

▼受ける前は、もうだいたい分かってるからいいやという気持ちでした。だがいざ授業を受けてみると知らなかったことがたくさんあって、知っていることのほうが少ないくらいでした。

▼僕は戦争はやっては絶対にいけないと思っていますが、原爆先生の話を聞いて戦争を

やってはいけないだけですませてはいけないと思いました。なぜなら皮ふがとけてゾンビのように歩いていたりして「助けて」と言っていたけれど、助けられずに死んでしまった人がたくさんいるからです。

▼またその後の義三さんの体験はとても衝撃を受けました。肉のはがれ落ちる痛み、うじ虫の気持ち悪さは詳細に伝わってきたためです。自分がその場に立ち会わせていたのなら動けなくなるでしょう。その悲しい場に立ち会わせているのにもかかわらず作業をしていた方々はとても勇気のある方々だと思います。この話はしっかりと考えをまとめて覚えておきたいです。

▼原爆の候補地が、横浜や京都など、様々な所もあがっていたことをはじめて知りました。正直な所、私は原爆について知らないことばかりでしたが、今回少し興味をもったので、一度調べてみたいなと思いました。

▼〝7000℃の少年〟という意味が原爆の温度ということに大変驚きました。太陽の表面温度より熱く、皮膚がはがれ落ちる程の体になると聞き体が震え、思わず耳をふさぎたくなりました。

▼そもそも何のためにこんなことをしているのでしょうか。あの話の中に出てきたあの人たちの様子を考える限りベラベラ話せば話すほど、それはどんどんむなしいアピールに

原爆先生の特別授業を受講《じゅこう》して

表

名前は裏面に記入してください

今回先生の話を聞きながら、その時の場面を
自分の頭なりにそうぞうしながらきいていました。
私の頭の中には原爆の記おくなど入っている
はずもありません。そんな頭で考えてみても、
おもわずふるえ、とりはだがたってしまうよ
うな話でした。聞くだけでふるえてしまうよう
なことを実際に体験した人々はどれほど
つらい思いをしたのかとうていはかりきれません。
たった1kgのウランがこれほどひさんなことを
おこすというのは、戦争、原爆のこわさをあら
ためて思い知らされました。このような話を
どうすればのこしておけるのか考えたのですが、
義三さんがいっていたとおり、多分言葉で伝えるのは
無理なのでしょう。私も話をきいて、どれほど
ひどいのか、もしかしたら自分のそうぞうをこえる
ようなものかもしれません。義三さんが博物館でいっ
ていた「きれいすぎる」というのを博物館に伝え、まだ
原爆体験者がのこっているうちに、本物そっくりに
つくるべきだと思います。そうすれば体験者が伝えたかったことを
ずっとのこすことできるのでは、
と考えます。

特定非営利活動法人原爆先生　http://hiroshima9.com　post@hiroshima9.com

▲中学生の感想

なっていくでしょう。そしてアプローチをする方向をまちがえれば、極端なまでに戦争をこわがり1丁前のゆがんだ日本人が完成するでしょう。ぼくたちはただ、あれを見て考えるのではなく、自分だけで感じること。それが本当に理解することにつながるはずです。

高校生の感想

▼題名の「7000℃の少年」の意味が最後まで聞いてよく分かった。ただ話を聞いていただけなのに、想像を超える光景が目に浮かんだ。私たちは原爆ドームと資料館に修学旅行で行くが、展示されているものの倍の光景を想像してしまうだろう。

▼とても心に響いたことがありました。それは、原爆を投下する候補地の内の1つに自分が生まれ育った横浜が含まれていたことです。頂いた資料と説明で初めてそのことを知ると他人事とは到底思えず原爆先生の話に聞き入っていました。

▼今回の授業を聞くまでは〝第二次世界大戦〟というものは、〝原爆〟というものは、知識でしかなかったのですが、こういった機会があることで教えられることは沢山ありました。戦争というものが何を生むのか。心に刻んでおきたいです。　追伸　私の祖父も軍人でした。今回の話を聞き、父に何か資料はないかと聞いたところ、日記や写真がありました。亡き祖父が生きていた証です。

保護者の感想

▼池田先生の語り方は、私が漠然とイメージしていた「原爆体験の語りべ」とは少し違いました。池田先生は子どもに、聴く者に近くなり過ぎない一定の心の距離を保っておられるようでした。原爆の被害の様子は凄惨です。そのことを語りながらも池田先生はご自身の気持ちを子ども達におしつけることはしない。おしつけられないので子ども達は逃げることをしません。お話から目をそらさずきちんと受けとめます。そして自分で考えてゆきます。自分で考えることを導き出す。そのようなお話のされ方は、子ども達にとって最善だと思いました。

▼原子爆弾について分かりやすく説明していただき、子ども達にもよく伝わったようです。また、自分自身も「よくわかってなかったんだな」と気付かされました。長崎も広島も行き、資料館へも行きましたが、先生の説明で初めてストンとおりました。

先生の感想

▼先日、社会科と総合的な学習の授業で、世界遺産について調べる学習をしました。日本にもたくさんの世界遺産がある中で、原爆ドームを選んだ子が多く、驚きました。選んだ理由は、ほとんどの子が〝原爆先生のお話を聞いて〟とのことでした。原爆先生のお

話がそれだけ深く子どもたちの心に残り、影響を与えたのだと思います。そして原爆ドームについて調べた子どもたちは、発表の中で、原爆先生から教えていただいたことをしっかりと受けながら、自分の言葉で自分の思いを述べていました。とても頼もしく感じました。それもすべて子どもたちに貴重なお話をしてくださった池田先生のおかげです。本当にありがとうございました。

▼今回ほどの衝撃は初めてでした。先生の伝え方、時間をおっての状況など、どれも自分がその場にいるような、自分が兵として先生のお父さんと共にいるような感じがしたからです。先生のお父さんの「きれいすぎる…」という言葉。これまでの、戦争を得た知識だけで授業を進めてきた自分の言葉が軽いと感じました。子ども達にとって戦争や原爆、核、これからの世の中について考える大切な機会になったことと思います。私自身も、これからどのように子ども達に伝えていけばよいのか考えたいと思います。

▼私達教員も「戦争はいけない」「戦争はこわい…」と何百回も言葉で言うことよりも、今回の授業のように事実を淡々と伝えることの方が子どもたちの心に伝わること…を感じました。

▼教師としても、実体験したことのない戦争・原爆について、どうのように伝えていくとよいのか、何を伝えるべきなのかと考

原爆先生の特別授業を受講《じゅこう》して　（表）

名前は裏面に記入してください

初めて原爆先生の特別授業を聞き、子ども達と共に
これからの社会を生きる自分自身、とても勉強になりました。
教師としても、実体験したことのない戦争、原爆について、どのよう
に伝えていくとよいのか、何を伝えるべきなのかと考え、迷い、苦しみ
ながらこの時代の指導にあたってきましたが、池田先生から
「伝えようとしない、していない」というお話を聞き、はっとさせられ
ました。
今までの自分は「伝えなくてはいけない」という思いが強すぎた
のだと気付かされました。
祖父から聞いていた戦争、原爆の話を思い出しながら
池田先生のお話を聞き、涙が出てきました。お話をお聞き
した後、校長室でもくわしいお話をしていただけたことにも
感謝しています。
お忙しい中、来校いただき、貴重な勉強をさせて
いただきました。本当にどうもありがとうございました。

特定非営利活動法人原爆先生　http://hiroshima9.com　post@hiroshima9.com

▲先生の感想

え、迷い、苦しみながら、この時代の指導にあたってきましたが、池田先生から「伝えようとしない、していない」というお話を聞き、はっとさせられました。今までの自分は「伝えなくてはいけない」という思いが強すぎたのだと気付かされました。

▼今まで教科書や資料などから知ったことは

いくつかあり、子供達にも話してきました。ただ体験談を聞いたのは初めてでした。聞いていて胸がしめつけられました。当時一瞬にして命を落とした人、命をつなぎとめても、原爆病で苦しんでいる人、原爆投下後の光景が今でもよみがえってきて涙を流す人…原爆は命だけではなく人間の尊厳までもうばったのだと思います。

あとがき

羽生章洋

最後までお読み頂き、本当にありがとうございます。やや蛇足の感はあるのですが、幾つか補足と後日談を加えさせていただきます。

本文では、私こと羽生が池田と出会い、彼にこれまでの経緯を尋ね、それから広島に一緒に赴《おもむ》いた後に原爆先生の2号講師になったようにしてます。これは読みやすさを優先して時系列を少し入れ替えた結果で、事実はというと、

羽生が池田と出会う↓まずは講師の修行を始める↓1年ほどの修行期間の間に色んな話を訊く↓羽生が2号講師になる↓講師をやる中でさらに色々と訊く↓一緒に広島に赴く

……という流れが正確なものです。また、様々な経緯を訊いたのは実は私一人だけではなく、後述するテレビ局の取材などに応じたりしたものも含まれています。そして何よりも、一緒に活動するようになって数年も経ってますので、こんな丁寧な言葉を交わし合うことは、まずありません。もっとざっくばらんな会話であるのが事実です。

これらについては、「事実を旨とする原爆先生において如何《いかが》なものか？」と思われるむきもあるやもしれないのですが、限られた紙面上で明瞭にするための編集であるとご理解いただければと思う次第です。

さて、本文を書き上げたのは、戦後70周年に沸いた2015年秋のことです。ですので文末の広島訪問は2015年6月のことであり、それから本書がこうして出版されるまでに1年以上の時間が流れました。その短くはない時間の中で、さらに幾つかの進展などがあったので補足させていただきます。

まず2015年7月に、広島のテレビ局にて原爆先生の取り組みを取材、13分ほどの特集にて放映していただきました。さらに同年8月には全国ネットにて3分ほどの要約版が放映されました。率直なところを言えば、池田も私も「こっ恥ずかしい」の一言です。このようにマスメディアがきちんと取材してくれたのは、原爆先生の活動にマスメディアから一定の信頼性を与えていただけた、として本当に嬉しく思っています。

また、本文にて「講師が増えたら、中学・高校向けにも提供したい」と書いてますが、こちらは講師が増える前に先に実現しており、おかげさまで2016年5月時点ですでに20校の中学校・高校からお申し込みを頂戴しております。基本的には本文と全く同じ内容を提供しており、つまり小学六年生向けと変わらないのですが、小学校での特別授業においても先生方や保護者の方々が衝撃を受けるわけですから中高生にとってもやはり衝撃的であるようで、さらに年齢が主人公である義三と近いことから小学生とはまた違う感想を持つようです。特に修学旅行前に授業を聞いた生徒たちは、広島に行くに際してもっとしっかりと現地で色んなことを知りたいという意欲が高まっているようです。これらの感想についても随時私どものホームページに掲載してますので、よろしければ是非ご一読ください。

本文中のグラフにもあるように、２０１５年度は最終的に1年間で１７８校にて特別授業を提供することが出来ました。講師が2人しかいない状況ではほぼ限界と言える状態で、嬉しい悲鳴とは正にこのことだと実感しております。こうした状況において、特に毎年繰り返しお申し込みをくださっている学校には、特に優先的に日程を確保させていただきたいとの思いから、実施日の年間固定制という仕組みを実施するようになりました。これは毎年決まった日取りで確実に予定を確保させていただくもので、二学期の土曜日などは歴史の授業の進捗と学校公開日との兼ね合いで同日希望の学校が多数になることが増えており、希望日変更をお願いすることが増えてきたことから、募集開始の前に優先的に日取りを確保するというものです。こちらもすでに50校ほどのお申し込みを頂いており、多くの学校からの支持を得られつつあることを嬉しく感じています。

このように大きく進展したこともあれば、一向に状況が変わらず悩んでいる問題もあります。それはひとえに「講師不足」です。段々と悠長なことを言ってられないぞという感じで深刻度は増す一方なのですが、さりとて平日の真昼間にこのようなボランティア活動に従事するというのもなかなか難しいものがあり、何か良案はないものかと日々関係者一同で脳みそを絞り続けている次第です。もし本書を通じて何かしらの良いご縁が芽生えれば望外の喜びであります。

ともあれ、色々と紆余曲折ありながらも原爆先生の活動は着実に前に進んでいると自信を持って言える状態になったと感じています。今後もより多くの方々に、何かを考えていただくきっかけをお届けしたい。私どもはそう考えています。

さて、本書を無事にお届けできるのは非常に多くの方々のご支援・ご協力の賜物です。未熟で手探り状態の頃から叱咤激励を賜り続けている各学校の先生方、保護者の皆様、そして長い時間の特別授業を最後まで真剣に聞き続けてくれた児童・生徒の皆さんに、心から感謝を申し上げます。

このあとがきを書いている最中、アメリカのオバマ大統領自身による広島訪問が実現しました。これは歴史的に非常に意義深いことでしょう。しかし一方で、世界情勢が大きく揺らぐ中、原爆にまつわる話にこれでピリオドが打たれるわけでは決して無いのも事実です。単なる過ぎ去った歴史の中のすでに終わった過去の一《いち》エピソードではなく、現代を生きる私たちが今なお直面している現在進行形の問題なのだということは、決して忘れてはならない事実だといえるでしょう。

２０１４年現在の核兵器保有国は9カ国。その合計概数は、1万６４００と言われています。一発の核兵器は、広島のときの約千倍もの威力を発揮するともいわれる現代において、その数は想像を絶すると表現するに相応しいものがあります。そんな世界で私たちは毎日を過ごしています。

いったい何がどうなれば良いのか。それは人それぞれに違う思いがあるでしょう。唯一無二の絶対的な正解もないのでしょう。しかし、だからといって厭世的になるのではなく、享楽的になるのでもなく、そのような思考停止に陥らずに、一人ひとりが悩み迷いながらも考え続けることでしか世の中はより良くはならないのでしょう。ですから、せめて私たちは、そのような心持ちを一人ひとりが考えるきっかけを提供していきたいと思って、今日も皆さんの前に立っています。

21世紀をこころの高度成長期にする――

それが私たち原爆先生のビジョンです。

２０１６年5月

……著　者　略　歴……

池田 眞徳（いけだ・まさのり）

1951年、大阪生まれ。73年、法政大学法学部法律学科卒業後、日本電気株式会社入社。同社退社後、数社の会社経営を行う。2008年、都内小学校でヒロシマ原爆の特別授業を開始。09年、特定非営利活動法人原爆先生設立。現在までに約600校で「原爆先生の特別授業」の講師を務める。著書に『よくわかる勤務割表の書き方』『ヒロシマの九日間』がある。

羽生 章洋（はぶ・あきひろ）

1968年6月1日生まれ、大阪育ち。89年、桃山学院大学社会学部社会学科を中退後、2つのソフトウェア会社を経てアーサーアンダーセン・ビジネスコンサルティングに所属。その後、トレイダーズ証券株式会社とマネースクウェアジャパン株式会社の新規創業に参画。現在は、自身が設立した複数の会社の代表取締役などを務めながらストーリーデザイナー／IT経営コンサルタントとして活動中。2006年から11年まで、国立大学法人琉球大学の非常勤講師。著書に『はじめよう！要件定義』『いきいきする仕事とやる気のつくり方』など多数。

❖お問い合わせや各種情報について
原爆先生ホームページ　http://www.hiroshima9.com/
お問い合わせのメールアドレス　mado@hiroshima9.com

原爆先生がやってきた！ 原爆先生の特別授業「7000℃の少年」より
初版1刷発行●2016年 7月20日

著者
特定非営利活動法人 原爆先生 池田眞徳・羽生章洋

発行者
薗部良徳

発行所
㈱ 産学社
〒101-0061 東京都千代田区三崎町 2-20-7 水道橋西口会館
Tel. 03（6272）9313 Fax. 03（3515）3660
http://sangakusha.jp/

印刷所
㈱ ティーケー出版印刷

ISBN 978-4-7825-3445-8 C0036